KB048964

다음 세대를 생각하는
인문교양 시리즈

아우름 54

다음 세대를 생각하는
인문교양 시리즈

아우름
54

미디어 리터러시, 세상을 읽는 힘

슬기로운 미디어 생활을 위하여

강용철 · 정형근 지음

샘터

탐구하다!
달콤하면서 쌉싸름한 미디어

우리는 종일 미디어 속에서 살아가고 있다고 해도 과언이 아닙니다. 아침에 눈을 뜨는 순간부터 잠자는 시간까지 셀 수 없이 많은 미디어를 만나고 있습니다. '미디어를 사용하고 있다'라는 생각을 하지 못할 만큼, 스마트폰, 컴퓨터, 텔레비전 등에서 만나는 영상, 음악 등은 자연스러운 일상의 일부가 되었습니다. 만약 이와 같은 미디어를 사용할 수 없게 된다면 어떻게 될까요? 생각만 해도 끔찍하다고요? 맞습니다. 이렇게 미디어는 우리 삶에서 중요한 역할을 하게 되었습니다.

미디어는 참 재미있습니다. 머리를 식히고 싶을 때, 심심

할 때 크나큰 즐거움을 줍니다. 필요한 정보를 주기도 하고, 다른 사람과 소통하도록 돕습니다. 한마디로 참 '달콤한 미디어'입니다.

하지만 때로 어떤 미디어는 의도를 숨기고 우리에게 다가오기도 합니다. 속마음을 숨기고 겉으로 다른 이야기를 하는 미디어가 있습니다. 확인되지 않거나 잘못된 이야기를 해서 우리에게 혼란스러움을 주기도 합니다. 달콤하기만 한 줄 알았는데 '쌉싸름한 맛도 있는 미디어'입니다.

이와 같은 미디어가 더 좋은 방향으로 나아가려면 어떻게 해야 할까요?

정확하고 바른 미디어가 탄생하도록 법으로 만들면 되겠네요. 하지만 법으로 미디어를 통제하면 표현의 자유와 충돌할 수도 있습니다.

그러면 미디어를 만드는 사람들이 책임감과 윤리성을 가지고 미디어를 만들면 되겠군요. 하지만 현재 미디어를 생산하는 사람 중에서 좋지 않은 미디어를 만드는 사람들이 있는 것도 사실입니다.

그렇다면 가장 좋은 방법은 무엇일까요?

바로 미디어를 이용하는 여러분이 더욱 현명하고 슬기롭

게 되는 것이 가장 좋지 않을까요? 미디어를 즐기는 우리가 미디어를 바라보는 '냉철한 눈'을 가지고, 미디어에 관한 '생각 근육'을 단련하는 것이 좋은 방법이라고 봅니다.

미디어에 대한 정확하고 바른 시각을 가지고 유익한 것과 그렇지 않은 것, 사실인 것과 아닌 것, 필요한 것과 그렇지 않은 것을 구분하며 슬기롭게 미디어를 즐겨야 합니다.

바로 이 책은 이러한 생각을 담았습니다. 미디어의 개념과 필요성을 알아보고, 우리 청소년들의 미디어 생활을 돋보기로 들여다보겠습니다. 비판적 사고로 미디어를 바라보고, 미디어에 대해 질문을 던지는 방법을 생각해 보겠습니다. 미디어를 만들고 공유하는 이야기, 미디어 윤리 등 미디어에 대해 알아야 할 필수적인 내용도 함께 담았습니다.

이번 이야기가 미디어를 바라보는 여러분의 생각을 한 뼘은 크게 해주기를 기대합니다.

1장

미디어의
의미와 변화

어제의 미디어를
만나다

○

미디어는 인간의 문명 발전과 더불어 오랫
동안 그 역사를 함께해 왔습니다.

추억의 미디어

그동안 제가 만난 미디어 이야기를 꺼내 볼 계획입니다. 아, 어떤 학생들은 '라떼는 말이야~'라는 이야기가 나와서 거리가 먼 이야기라고 생각할 수도 있겠습니다. 하지만 이 이야기는 여러분의 부모님, 그리고 조부모님의 삶과도 관련되어 있으니까 잠시 귀를 기울여주시길 바랍니다.

제가 국민학교 시절에는… 아, 초등학교가 아니냐고 질문하는 학생이 있네요. 제가 어렸을 때는 '국민학교'라고 불렀습니다(여기서 '국민'은 황국신민皇國臣民, 즉 일본 천황이 다스

리는 나라의 신하가 된 백성이라는 의미로, 일제강점기의 잔재로 볼 수 있습니다. 그래서 초등학교로 바뀌게 되었습니다). 그 시절에 가장 기억에 남는 미디어는 바로 텔레비전과 라디오 그리고 전화였습니다.

요즘 텔레비전은 디지털 기능이 들어 있어서 음성으로 제어도 되고, 인터넷이 연결되어 다양한 서비스를 즐길 수 있지만, 당시 텔레비전은 채널이 3~4개밖에 되지 않았고 방영 시간도 요즘처럼 길지 않았습니다. 무엇보다 리모컨이 없어서 텔레비전에 다가가서 채널 손잡이를 돌리고 소리를 조절해야 했습니다.

등하굣길에는 카세트테이프를 넣는 워크맨을 들고 다니며 음악을 들었고, 저녁 시간에는 라디오를 자주 들었습니다. 라디오에서 좋은 음악이 나오면 재빨리 카세트테이프의 녹음 버튼을 눌러서 그 음악을 녹음하고, 테이프가 늘어지도록 반복해서 들었습니다(당시에는 요즘처럼 스트리밍 앱에서 원하는 음악을 마음대로 듣기가 어려웠습니다).

전화는 선으로 연결된 전화로 동그랗게 생긴 다이얼 판에 새겨진 숫자를 돌리는 전화를 사용했습니다. 나중에 번호식 버튼을 누르는 전화를 쓰게 되면서 얼마나 신기해했는지 모릅니다. 당시에는 통화 요금이 매우 비싸서, '통화는 간단히' 가 생활화되었고, 전화는 학생들이 함부로 쓰기에 부담스러운 기기였습니다.

친구들과 즐겁게 즐긴 것은 바로 전자오락이었습니다. 오락실이란 곳에 가서 동전을 넣고, 핸들 레버와 버튼을 이용하여 비행기, 격투기 게임을 하며 놀던 기억이 생생합니다.

아, 너무 옛날이야기라서 무슨 말인지 모르겠다고요? 그렇다면 부모님, 선생님께 질문을 해보길 바랍니다. 아마 추억이 깃든 어른들의 눈동자를 만날지도 모릅니다.

대학교에 다닐 때 신문물을 만나게 됩니다. 바로 '삐삐'입니다. 정확히는 무선호출기인데, 작은 화면에 숫자 번호를 남길 수 있는 휴대용 소형 수신기였습니다. 영어로는 'pager'로 이는 '하인, 심부름꾼'을 뜻합니다. 어떤 사람이 전화기에서 호출기로 전화를 걸어 숫자를 남기면 호출기에 소리가 나거나 진동이 울리는데 이때 '삐삐' 소리가 나오는 특성 때문에 사람들이 주로 '삐삐'라고 불렀습니다.

당시 공중전화 박스 앞에는 삐삐를 친 사람에게 전화하느라 줄을 서서 기다리는 모습을 흔히 볼 수 있었습니다(여러분은 스마트폰의 데이터 이용권과 같은 선물을 좋아하겠지만, 당

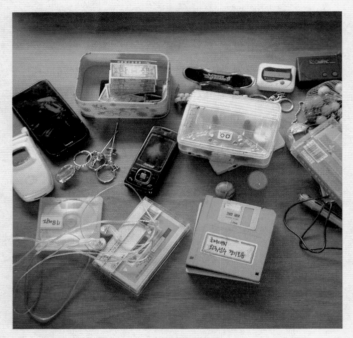

• tvN 드라마 〈스물다섯 스물하나〉에서 나온
  추억의 미디어들

시에는 공중전화 카드가 최고의 선물 중 하나였습니다). 특히 삐삐에 숫자만 남길 수 있다는 것 때문에 숫자로 여러 가지 의미를 담는 일도 있었습니다. 8282는 '빨리빨리', 444는 '사랑해', 1004는 '천사' 등 숫자에 담긴 글자의 의미가 재미있었습니다. 나중에 삐삐는 숫자만 남기는 것이 아니라, 음성 사서함에 메시지를 녹음해 두면 상대방이 듣는 형태로 확대되었습니다.

지금까지 저의 세대가 경험한 미디어 기기들에 대해 설명해 보았습니다. 메시지도 쉽게 보내고 통화도 간단하며 다양한 멀티미디어를 가지고 노는 요즘 세대 학생들은 이 이야기가 신기하게 들리겠지요? 시대가 변하고 세월이 흐르면서 미디어 기기는 엄청나게 발전했고, 학생들이 즐기는 미디어 콘텐츠는 상상을 초월할 만큼 확장되었습니다.

그런데 왜 이 이야기를 꺼낸 것일까요? 여러분이 현재 다양한 미디어를 즐기는 것처럼 선생님, 부모님 세대에도 나름대로 미디어를 즐기며 살았다는 점을 말하기 위해서입니다. 이렇게 미디어는 인간의 문명 발전과 더불어 오랫동안 그 역사를 함께해 왔습니다. 자, 이제 타임머신을 타고 인류가 함께해 온 미디어를 만나보겠습니다.

역사 속 미디어 이야기

문자가 생기기 전인 원시 시대입니다. 한 원시인의 말을
들어봅시다.

반가워! 나는 원시 시대를 살았던 인류의 조상이야. 내가
아래 계곡에 갔다가 정말 신기하게 생긴 동물을 발견했어.
다른 사람들에게 이 동물에 관해 이야기해주고 싶어서 동
물의 그림을 그렸어. 사람들이 그림을 보고 동물에 대해 알
게 되었으면 좋겠어. 아, 후손들이 이 그림을 보게 된다면
우리도 함께 떠올려주길 바라.

원시인들이 동굴에 벽화를 그린 이유는 무엇일까요? 동물
에 대한 정보를 남기기 위해 또는 동물을 사냥한 기록을 남
기기 위해 그렸으리라 추측합니다. 동물이 잘 잡히도록 기원
하거나 동물 사냥을 통해 종족이 번영되기를 바라는 주술적
인 목적으로 그렸을 수도 있습니다. 아니면 예술적인 능력을
발휘하고 싶어서 그림을 그렸을 수도 있습니다. 정확한 이유
를 알 수 없다고 하더라도, 우리는 동굴 벽화를 통해 당시 원

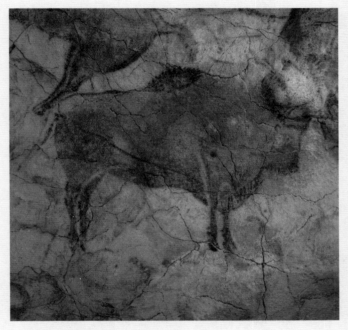

● 스페인의 알타미라 동굴에 있는 구석기 시대
  동굴 벽화 (출처 : 알타미라 국립 박물관)

시인들의 수렵 모습, 동물과 사람들의 모습에 대한 정보도 얻을 수 있습니다. 원시인의 생각과 마음이 동굴의 벽화를 통해 우리에게 전달된 느낌입니다.

이번에는 그리스 시대로 가보겠습니다. 페이디피데스Pheidi-ppides의 말을 들어봅시다.

나는 아테네 시대를 살았던 페이디피데스야. 기원전 490년에 우리 아테네군이 마라톤이라는 지역에서 페르시아군을 무찔렀어. 이 기쁜 소식을 전하기 위해 먼 거리를 달려가서 승리 소식을 알리고, 나는 숨이 차서 세상을 떠나고 말았지. 그래도 직접 전쟁의 기쁨을 알리게 되어 영광스럽게 생각해.

육상 경기에서 42.195km를 달리는 장거리 경주를 '마라톤'이라고 합니다. 아테네 용사가 전쟁터인 마라톤에서 아테네까지 달려와 전쟁에서 승리했다는 소식을 전하고 세상을 떠났다고 많은 사람에게 알려져 있습니다. 하지만 실제로 페이디피데스가 승전보를 알리기 위해 아테네에 간 것이 아니라 스파르타에 지원을 요청하기 위해 가게 되었고 소식을 전한 후 죽지 않았다고 합니다. 마라톤 전쟁의 승리를 기념하고 이를 널리 홍보하기 위해 만들어진 전설이라고 생각합니다. 여기서 중요한 것은 사람이 직접 전쟁 소식을 전달했다는 점입니다.

사람이 정보나 지식을 전달하는 역할을 한 사례는 우리나라에서도 찾아볼 수 있습니다. '파발'이라고 들어보았나요? '파발'은 선조가 왕이 된 지 30년이 된 1597년부터 시행되었는데 기발과 보발로 나뉩니다. 기발騎撥은 말을 사용하여 신속하게 소식이나 정보를 전달하는 형태이고, 보발步撥은 사람이 직접 발로 이동하여 전달하는 형태입니다. 서울에서 황해도, 평안도 지방에 이르는 지역은 중국과의 연락 관계를 위해 말을 이용한 기발을 사용하였고, 다른 지역에서는 주로 사람이 이동하는 보발로 운영되었습니다. 이 역시 '사람'이 직접 소식과 정보를 전하는 역할을 했다는 점을 알 수 있습니다.

역사는 문자와 책으로 기록되어 왔습니다. 기억은 사라지거나 변할 수 있지만, 기록으로 남은 정보는 정확하게 오랫동안 전달됩니다. 현재 합천 해인사에서 보관하고 있는 팔만

대장경은 고려 시대에 무려 16년에 걸쳐 완성한 위대한 유산입니다. 고종 1236년부터 1251년에 걸쳐 완성한 대장경으로, 부처님의 힘으로 외적을 물리치기 위해 만들었는데, 판의 수가 8만 1,258판에 이르며 우리나라 국보이자 유네스코 세계 기록 유산입니다. 이렇게 문자와 책은 다양한 내용을 전달해 주는 중요한 역할을 합니다.

　역사의 단편적인 부분만 보아도 동굴 벽화, 사람, 책과 같이 정보를 한쪽에서 다른 쪽으로 전달해 주는 역할을 하는 것은 참 많았다는 걸 알 수 있습니다.

오늘의 미디어를
만나다

○

스마트폰 이전과 이후의 삶을 비교하며 변
화된 삶의 모습을 생각해 보면 스마트폰이
인류에게 미친 영향을 느낄 수 있습니다.

요즘 시대의 미디어

신문

신문은 최근에 10대 청소년들에게 관심이 많이 떨어진 미디어라고 하지만, 세상의 다양한 소식, 뉴스를 전달하는 중요한 미디어입니다. 한자로 풀면 新(새 신), 聞(들을 문)으로 '새로운 소식이나 견문'을 뜻합니다.

신문에는 수많은 뉴스가 담겨 있는데, 여기서 뉴스의 의미도 함께 생각해 보아야 합니다. 'NEWS'는 'NEW의 복수형'으로 새로운 것들을 뜻하기도 하지만, 'North, East, West,

South' 동서남북의 앞 글자를 딴 말이기도 합니다. 즉 뉴스
는 '사방에서 들어오는 새로운 것'들입니다.

뉴스가 담긴 신문을 만나게 되면 가족, 학교, 지역사회, 국
가, 세계의 새로운 정보와 소식을 알게 됩니다. 정치, 경제,
사회, 문화, 연예, 스포츠 등 다방면의 소식을 들을 수 있고
사설, 칼럼을 통해 주요 사건에 대한 언론의 견해를 알 수도
있습니다. 그래서 신문을 '세상을 보는 창'이라고 부르기도
합니다.

라디오

라디오는 기성세대가 많이 즐긴 미디어로, 방송국에서 보
내주는 전파를 잡아서 음성으로 듣는 미디어입니다. 라디오
는 강력한 전파를 바탕으로 멀리까지 다양한 이야기와 음
악을 전해주며 청취자에게 '소리의 즐거움'을 주었습니다.
우리나라의 라디오 방송은 1965년에 서울 FM 방송이 개국
한 것을 시작으로 지금까지도 많은 사람이 일상생활 속에
서 라디오 방송을 즐기고 있습니다. 지금 이 글을 쓰는 저도
조용한 클래식 라디오 방송을 들으며 글을 작성하고 있답
니다.

텔레비전

텔레비전은 전파로 영상을 전달하는 도구입니다. 지금도 충성도가 높은 시청자를 확보한 매우 강력한 미디어입니다. 뉴스, 정보, 오락 등 사람들에게 정보와 소식을 전해주면 다양한 기능을 하는 핵심적인 대중매체(매스미디어)입니다. 최근에는 사람들이 텔레비전에서 실시간으로 보지 못한 프로그램을 다른 동영상 플랫폼으로 보기도 하지만, 여전히 대중의 인기를 한 몸에 받는 미디어입니다.

제가 어렸을 때는 '텔레비전에 내가 나왔으면 정말 좋겠네'라는 노래가 나올 만큼 텔레비전 출연은 많은 사람이 바라는 희망 사항이기도 했습니다. 그만큼 텔레비전은 사람들에게 인기가 높고, 파급력이 높은 미디어입니다.

컴퓨터

컴퓨터는 지식 정보화 산업을 이끈 선두 주자입니다. 원래 전자회로를 이용해서 다양한 종류의 데이터를 처리하는 기기를 뜻하는데, 이러한 컴퓨터가 인터넷을 만나서 세계를 연결하게 되었고 현대 사회의 변화를 가져오는 중요한 역할을 하였습니다. 컴퓨터는 문서 작성, 동영상 편집, 인터넷 접속,

● 텔레비전은 지금도 충성도가 높은 시청자를
  확보한 매우 강력한 미디어이다.

데이터 처리 등 현대 사회에서 필요로 하는 다양한 기능을 탑재한 엄청난 미디어 기기라고 할 수 있습니다.

스마트폰

손안의 작은 컴퓨터인 스마트폰은 작은 크기의 기계에 사람과 세상을 연결하는 엄청난 능력을 소유하고 있는 미디어입니다. 통화, 음악 감상, 영상 시청, SNS, 메신저, 쇼핑 등 나열할 수 없을 만큼 다재다능한 친구입니다.

2007년 1월 미국 샌프란시스코에서 개최된 애플 행사에

● 스마트폰의 발명은 삶의 패턴을
  획기적으로 바꾸었다.

서 스티브 잡스가 아이폰을 소개하면서 선풍적인 인기를 끌게 되었습니다. 스티브 잡스는 터치 컨트롤을 지닌 아이팟, 혁명적인 휴대전화, 인터넷 소통 장치라는 세 가지를 소개하며 "These are not three separate devices. This is one device. And we are calling it iPhone(이것은 각각 분리된 3개의 기기가 아니다. 하나로 통합된 것이다. 그것이 아이폰이다)"이라고 발표를 했습니다.

그 이후 스마트폰은 통합적인 능력을 갖춘 기기가 되어 전 세계적인 인기를 끌게 되었고, 사람들의 삶의 패턴을 바꾸었습니다. 예를 들어 제 어린 시절에는 통장을 들고 은행에 가서 저축하고 성인이 되어서도 은행을 직접 가곤 했는데, 스마트폰의 등장으로 은행에 가지 않고 금융 업무를 해결하게 되었습니다. 시장에 가서 물건을 보고 사는 것이 일반적인 풍경이었는데, 스마트폰으로 장을 보면 새벽에 택배로 도착하는 시대가 되었습니다. 스마트폰 이전과 이후의 삶을 비교하며 변화된 삶의 모습을 생각해 보면 스마트폰이 인류에게 미친 영향을 느낄 수 있습니다.

학생들의 미디어 생활

중학생인 현정이는 아침에 일어나면 제일 먼저 스마트폰의 알람을 끄고, 페이스북에 올라온 댓글을 확인합니다. 내가 작성한 게시글에 '좋아요'가 얼마나 달렸는지 살펴보고, 친구의 게시글도 확인하고 센스 있는 댓글을 답니다. 음악 어플로 내가 즐겨 듣는 플레이리스트의 음악을 틀고 세수와 양치질을 합니다. 입맛이 별로 없지만, 유튜브의 영상을 틀고 아침을 먹습니다. 아침이라 멍한 기분이 들었는데, 유튜브의 알고리즘이 나를 위해 맞춤형 영상을 계속 보여줍니다. 친구와 카톡으로 연락해서 같이 등교합니다. 어제 본 음악 방송의 아이돌 이야기를 신나게 나눕니다. 연예 뉴스에 대해 이야기를 나누다 보니 어느새 학교에 도착합니다. 수업 시간에 선생님께서 보여주시는 짧은 동영상 클립을 보고, 검색 사이트에서 관련 자료를 찾아봅니다. 영어 시간에 모르는 단어는 구글 번역으로 찾아보고, 어려운 표현은 사진을 찍어 실시간 문자 번역 기능을 이용해 봅니다. 집에 와서 친구들과 스마트폰 게임을 즐깁니다. 오늘 올라온 웹툰도 빼놓을 수 없습니다.

저녁 식사를 하고 가족들과 드라마를 함께 봅니다. 부모님
이 보시는 뉴스도 슬쩍 보았더니, 다양한 사건·사고 소식
이 나오고 있습니다. 다시 책상에 앉아 학급 반톡에 올라온
공지 사항을 확인합니다. 오늘은 공부가 잘되지 않아서 그
런지 넷플릭스와 티빙에 올라온 영화를 보고 싶습니다.
(위 내용은 특정한 애플리케이션이나 서비스를 간접 광고하는 내용
이 아님을 밝힙니다.)

현정 학생의 사례와 여러분의 미디어 생활을 견주어 보면
좋겠습니다. 많은 학생이 하루에도 셀 수 없을 만큼의 미디
어 콘텐츠를 즐기고, 다른 친구들과 나누고 소통하고 있다는
사실을 알 수 있습니다.

미디어의 의미를 생각하다

○

미디어란 '어떤 작용을 한쪽에서 다른 쪽으로 전달하는 역할을 하는 것'으로, 새로운 정보를 수집하고 전달하는 중요한 기능을 합니다.

미디어의 뜻

미디어는 어떤 뜻을 지니고 있을까요? 사전에서 찾아보면 '어떤 작용을 한쪽에서 다른 쪽으로 전달하는 역할을 하는 것'이라고 미디어를 정의하고 있습니다. 즉, 중간에서 전달해 주는 역할을 하는 것이라는 의미입니다. 자신의 감정이나 생각, 의견, 지식과 정보를 서로 주고받을 수 있도록 마련된 수단을 가리키기도 합니다.

그렇다면 앞에서 살펴본 '동굴 벽화, 책, 신문, 라디오, 텔레비전, 컴퓨터, 스마트폰' 등은 모두 미디어가 될 수 있습니다. 심지어 '사람'도 미디어라 할 수 있습니다. 미디어라는 말은 참 넓은 의미를 지닙니다.

하지만 일반적으로 사람들이 이야기하는 미디어는 세 가지 정도의 의미로 정리할 수 있습니다.

첫째는 동영상, 음악, 사진, 게임, 뉴스, 웹툰과 같이 어떤 내용을 담고 있는 콘텐츠를 의미합니다. 둘째는 이러한 콘텐츠를 보도록 하는 스마트폰, 컴퓨터, 텔레비전과 같은 기기를 뜻하기도 합니다. 셋째는 우리가 콘텐츠를 보게 하는 포털 사이트나 동영상 서비스 프로그램, 애플리케이션과 같은 플랫폼을 의미하기도 합니다.

만약 누군가가 여러분에게 미디어가 무엇이냐고 물어본다면 여러분은 무엇이라고 설명하겠습니까? 이 질문에 대한 답을 곰곰이 생각해 보길 바랍니다.

미디어의 기능과 역할

나라는 아침에 등교하며 스마트폰으로 날씨를 확인합니다. 오후에 소나기가 온다는 것을 알고 우산을 챙깁니다. 기상

정보를 확인하지 않았다면 학교에 가서 우산 걱정을 했겠
네요.

대한이는 스포츠를 매우 좋아합니다. 특히 농구를 정말 좋
아하는데 우리나라 농구 경기뿐만 아니라 미국 NBA도 즐
겨 보곤 합니다. 지구 반대편에서 열린 스포츠 경기를 인터
넷이나 텔레비전을 통해서 자주 시청합니다.

다운이는 뉴스를 보다가 깜짝 놀랐습니다. 출처가 불분명
한 문자 메시지의 인터넷 주소를 클릭하면 개인정보가 넘
어간다는 뉴스였습니다. 며칠 전에 비슷한 문자를 받은 적
이 있어서 클릭할까 고민했던 기억이 떠올랐습니다. 뉴스
를 보면서 개인정보 유출, 보이스 피싱의 위험성에 대해 한
번 더 생각하게 되었습니다.

우리는 미디어를 통해 가까운 곳의 소식, 사회의 다양한
이야기, 지구 반대편에서 일어난 사건에 대한 정보를 알게
됩니다. 이렇게 미디어는 새로운 정보를 수집하고 전달하는
중요한 기능을 합니다. 한마디로 미디어는 '나의 소중한 정

● 새로운 디지털 미디어로 인해 먼 공간에서
　일어나는 정보를 실시간으로 확인할 수 있고,
　다양한 분야의 정보도 손쉽게 얻을 수 있다.

보 도우미'라고 할 수 있습니다.

최근에는 새로운 디지털 미디어, 뉴미디어로 인해 먼 공간에서 일어나는 정보를 실시간으로 확인할 수 있고, 다양한 분야의 정보도 손쉽게 얻을 수 있습니다. 또한 부정적인 사건과 같은 정보를 듣고 경계심을 가질 수도 있습니다.

"뭐야? 아랫마을 순이가 어제 혼례를 했다고? 왜 이렇게 소식이 늦게 온 거야? 나는 혼례식에 못 갔는데….."

고려 시대, 조선 시대에는 옆 마을에서 일어나는 소식을 듣는 것도 시간이 꽤 걸렸고, 조정(정부)에서 발표한 내용도 국민들에게 전달되는 데 시간이 오래 걸렸겠지요? 이런 점을 볼 때 미디어는 세상의 정보를 신속하게 전달하는 중요한 역할을 합니다.

나라는 공부하다가 지루하거나 힘들면 좋아하는 아이돌 가수의 음악을 듣습니다. 아이돌 오빠의 노래를 들으면 신이 나고 스트레스가 해소됩니다.

대한이는 친구와 싸워서 기분이 좋지 않습니다. 좋아하는 웹툰을 보고 온라인 게임을 했더니 기분이 전환됩니다. 아, 오늘 싸운 친구가 온라인 게임에 입장했네요. 같이 게임을 하다 보니 마음도 풀립니다.

다운이는 오늘 드라마를 결코 놓칠 수 없습니다. 우리의 남주(남주인공)가 여주(여주인공)에게 어떻게 고백할지 정말 기대가 됩니다. 재미있는 드라마가 있다는 생각에 집으로 가는 길이 즐겁습니다.

우리가 미디어를 즐기는 이유는 바로 재미와 즐거움을 주기 때문입니다. 미디어가 지닌 볼거리, 읽을거리, 들을 거리 등을 즐기다 보면 삶의 활력이 느껴집니다. 이렇게 미디어는 '나의 소중한 오락 상자, 즐거움 저장소'라고 할 수 있습니다.

나라는 텔레비전 다큐멘터리를 보면서 전주 한옥마을에 대해 자세히 알게 되었습니다. 또한 정월 대보름과 관련된 전통 풍습을 보여주는 장면을 보면서 우리 문화에 대해 더 자세히 알게 되었습니다.

대한이는 최근 포털 사이트에 등장한 양성평등 게시글을 보았습니다. 우리 사회가 추구해야 하는 인권, 성평등 주제의 글을 보면서 사회의 규범과 가치에 대해 생각해 보는 기회를 가졌습니다.

다운이는 제사를 지내는 법을 잘 모르다가 유튜브에 나온 영상을 보고 제사를 어떻게 지내는지 자세히 알게 되었습니다. 내용이 재미없을 줄 알았는데, 절은 어떻게 하는지, 제사의 의미는 무엇인지 설명하는 내용을 흥미롭게 보았습니다.

미디어는 사회에 존재하는 문화와 사회적인 규범, 가치를 사람들에게 알려주는 기능을 합니다. 아마 학생들도 미디어를 통해 우리나라의 전통문화나 풍습에 대해 알게 된 사례가 있을 것입니다. 또한 미디어에서 다룬 내용을 통해 사회의 규범과 가치에 대해 조금씩 이해하게 됩니다. 이렇게 미디어는 '문화를 알려주고 사회의 규범을 전수해 주는 문화 전달자' 역할을 합니다. 또한 몰랐던 지식을 새롭게 알려주는 교육적인 기능을 하기도 합니다.

나라는 부모님이 보시는 텔레비전 프로그램을 같이 시청했습니다. 토론 프로그램이었는데, 찬성과 반대의 토론자들이 강렬하게 대립하고 있습니다. 나라는 이런 재미없는 것을 왜 보는지 궁금했습니다.

부모님께 여쭈어보니, 특정한 문제에 대해 입장이 다른 사람들의 이야기를 들으면서 문제를 넓고 깊게 바라보는 시각을 가질 수 있다고 하셨습니다. 또한 이와 같은 문제에 대한 다른 사람들의 생각도 알 수 있다고 하셨습니다. 나라는 그래도 토론 프로그램이 재미없다고 생각했습니다. 빨리 채널을 돌려 예능 프로그램을 보고 싶습니다.

우리는 살면서 다른 관점을 지니고 다른 생각을 하는 사람을 만나게 됩니다. 이럴 때 싸우거나 과도하게 충돌하면 서로 감정이 상하게 되고 갈등은 점점 커지게 됩니다. 미디어는 이렇게 사회 속에서 일어나는 갈등을 이해하고 조정하는 기능을 합니다. 우리는 미디어에 나온 갈등을 보면서 다양한 사람들의 상황을 이해하게 되고, 갈등을 해결하는 방법을 생각하게 됩니다. 때로 미디어는 '갈등을 조정하는 화해 도우미, 갈등 중재자'의 역할을 하기도 합니다.

미디어는 이처럼 나의 소중한 정보 도우미가 되기도 하고, 오락 상자의 기능을 합니다. 또한 문화를 알려주고 사회의 규범을 전수해 주는 문화 전달자이자, 갈등을 조정하는 화해 도우미, 갈등 중재자의 역할도 합니다.

하지만 미디어가 긍정적인 기능만 하는 것은 아닙니다.

때로는 빠르게 정보를 전달하다가 잘못된 정보를 전달하여 혼란을 일으키기도 하고, 사람들의 관심을 받기 위해 허위 정보나 조작된 정보를 유포하기도 합니다. 갈등을 해결하는 좋은 기능을 악용하여 한쪽의 입장을 집중적으로 드러내거나 다른 쪽의 내용을 다르게 보여주는 경우도 있습니다. 사람들에게 재미와 즐거움을 주기 위해 폭력적이거나 선정적인 내용을 다룰 때도 있습니다.

이는 미디어 자체의 문제라기보다는 미디어가 가진 기능을 부정적이고 나쁜 방향으로 활용한 것이라고 하겠습니다. 이럴 때일수록 미디어에 대해 제대로 이해하고 미디어를 현명하게 활용하는 '슬기로운 미디어 이용 태도'가 중요합니다.

2장

우리 청소년들이
누리는
미디어 생활

청소년들의
또 다른 이름을
만나다

○

요즘 청소년들을 부르는 몇 가지 다른 이름
으로는 디지털 네이티브, Z세대, 포노 사
피엔스가 있습니다.

요즘 우리 청소년들을 부르는 몇 가지 다른 이름이 있습니다. 그것은 바로 디지털 네이티브, Z세대, 포노 사피엔스입니다.

디지털 네이티브

디지털 네이티브digital native, 즉 디지털 원어민은 태어날 때부터 디지털 기기에 둘러싸여 성장한 세대를 의미합니다. 자연스럽게 디지털을 경험하고 디지털에 친숙한 사람들을 의

● 태어날 때부터 디지털 세계와 익숙한 이들은
디지털 기기를 다루는 데 거리낌이 없다.

미합니다. 이 용어는 마크 프렌스키Marc Prensky라는 미국의
교육학자가 논문에서 처음 사용한 개념인데 놀랍게도 2001
년에 이미 이 용어를 사용했다고 합니다.

　이러한 디지털 네이티브는 디지털 기기 사용에 대해 부담
을 갖지 않고 금방 적응합니다. 무엇보다 여러 가지 일을 한
꺼번에 하는 멀티태스킹에 능숙하며, 문자나 메신저를 통해
상대방과 의사소통을 신속하고 즉각적으로 하는 것을 좋아
한다고 합니다.

아, 그렇다면 이 글을 쓰고 있는 저는 디지털 네이티브일까요? 저는 태생적으로 디지털에 친숙한 사람이 아니고, 디지털 세상을 공부하며 적응한 디지털 학습자입니다. 디지털이라는 세계로 이민을 온 디지털 이민자digital immigrant입니다. 물론 디지털 세상에 적응하기 위해 디지털 기기와 콘텐츠에 대해 열심히 공부를 했지만, 종이를 기반으로 한 활동이나 기존 미디어 기계에 대한 향수를 강하게 느끼는 아날로그 감성을 지니고 있습니다.

Z세대

Z세대는 1990년대 중반에서 2000년대 초반에 걸쳐 태어난 젊은 세대를 의미합니다. 밀레니얼 세대라고 부르는 Y세대의 뒤를 잇는 세대라고 이야기하는데, 어릴 때부터 디지털 환경에 노출된 세대를 뜻합니다. 기기에 대한 친숙도가 높고, 관심 있는 내용을 공유하고 생산하는 데 익숙한 세대입니다.

포노 사피엔스

포노 사피엔스는 스마트폰을 신체 일부처럼 사용하는 인류를 뜻합니다. 스마트폰 없이 생활하는 것을 힘들어하는 세대라고도 합니다. 스마트폰의 등장으로 시간과 공간의 제약이 없이 소통할 수 있고 정보를 전달하는 세대라고 할 수 있습니다.

이렇게 요즘 청소년을 부르는 사회학적인 용어가 있다는 것이 참 신기합니다. 세대를 구분할 만큼 디지털과 미디어가 우리 청소년들에게는 익숙한 삶의 모습이 되고 있습니다.

들여다보다!
10대 청소년들의
미디어 생활

○

미디어는 학생들의 삶 속에 깊숙이 들어
와 자리 잡았습니다. 스마트폰을 '내 몸의
일부'로 느끼는 10대들이라는 표현이 인
상적입니다.

이 자료는 2019년 한국언론진흥재단에서 조사한 〈10대 청소년 미디어 이용 조사〉 결과입니다. 중요한 내용을 같이 살펴보도록 합시다.

자료를 보니 '나는 모바일만 써!'라고 나와 있습니다. 역시 청소년들이 가장 좋아하고 가장 많이 사용하는 미디어는 스마트폰입니다. 스마트폰을 '내 몸의 일부'로 느끼는 10대들이라는 표현이 인상적입니다. 스마트폰, PC, 텔레비전은 중요도가 비교적 높은 편인데, 옆에 나온 라디오, 잡지, 종이신문은 비교적 낮은 점수를 보였습니다.

10대들이 좋아하는 서비스들을 보니, 동영상 플랫폼에서

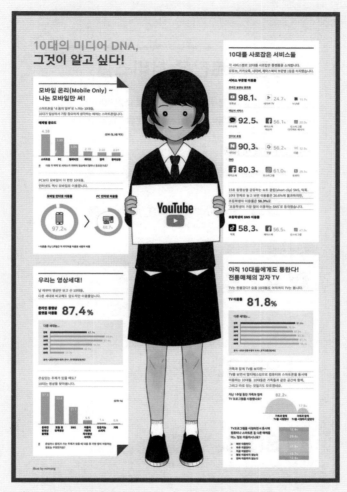

- 〈2019 10대 청소년 미디어 이용 조사〉, 한국언론진흥재단, 2019

10대를 사로잡은 서비스들

각 서비스별로 10대를 사로잡은 플랫폼을 소개합니다.
유튜브, 카카오톡, 네이버, 페이스북이 부문별 1등을 차지했습니다.

서비스 부문별 이용률

온라인 동영상 플랫폼

98.1%	24.7%	15.7%
유튜브	네이버 TV	V LIVE

메신저 서비스

92.5%	56.1%	20.0%
카카오톡	페이스북 메신저	인스타그램 다이렉트 메시지

인터넷 포털

90.3%	56.2%	12.5%
네이버	구글	다음

SNS

80.3%	61.0%	25.3%
페이스북	인스타그램	트위터

● 유튜브, 카카오톡, 네이버, 페이스북 등이 10대들이 가장 많이 사용하는 서비스이다. (출처 : 한국언론진흥재단)

유튜브가 1등을 차지했습니다. 유튜브에는 1분에 500시간 가까운 영상이 탑재된다고 하니, 평생 보아도 유튜브의 영상을 다 보지 못할 듯합니다.

유튜브에서는 2020 게임 콘텐츠 소비 시간을 발표하기도 했습니다. 소비 시간이 무려 1,000억 시간으로 태양계의 끝에 있는 해왕성까지 45만 5,000번을 왕복할 수 있는 시간 동안 사람들이 게임 영상을 보고 있다고 합니다. 구독자가 10만 명 이상을 가진 게임 유튜버는 8만 명 이상이라고 하고, 1,000만 명 이상인 유튜버도 350명이라고 합니다. 유튜브의 인기가 실로 대단합니다.

메신저는 카카오톡이 큰 비중을 차지했습니다. 페이스북 메신저와 인스타그램 다이렉트 메시지도 높은 비중을 차지했습니다.

학생들이 자주 사용하는 인터넷 포털에는 네이버, 구글, 다음이 있었습니다. 또한 소셜 네트워크 서비스에는 페이스북, 인스타그램, 트위터 등이 있었습니다.

위 결과에 대해 얼마나 동의하는지 궁금합니다. 여러분의 미디어 생활은 어떤지 궁금합니다.

신기한 것은 제가 학생일 때는 이런 조사가 없었는데, 우리 학생들이 워낙 미디어를 즐기고 사용하다 보니 이와 같은 연구와 조사가 생겼다는 것입니다. 이렇게 미디어는 학생들의 삶 속에 깊숙이 들어와 자리 잡고 있다는 점을 잘 생각하면서 자신의 미디어 생활도 돌아보았으면 좋겠습니다.

미디어
조절 능력을
키우다

○

얼마나 미디어를 사용하는지, 어떤 목적으
로 사용하는지, 미디어로 무엇을 하는지
스스로 점검하고 돌아보는 태도를 갖는 것
이 중요합니다.

미디어가 가진 매력이 너무 커서 미디
어를 조절하기가 쉽지 않을 듯합니다. 5분만 유튜브를 봐야
겠다고 생각했는데, 50분이 훌쩍 넘어가기도 합니다. 잠시
만 스마트폰을 보려 했는데, 재미있는 콘텐츠가 너무 많아서
계속 들고 보게 되기도 합니다.

먼저 미디어를 조절하는 능력부터 갖출 필요가 있습니다.

지금부터 제가 몇 가지 방법을 소개하겠습니다.

첫 번째는 스마트폰을 늘 한 손에 들고 사는 친구를 위한
방법입니다.

● 스마트쉼센터 웹 사이트(www.iapc.or.kr)

　　스마트폰 사용 습관을 스스로 점검해 보는 방법으로, 한국
지능정보사회진흥원이 운영하는 〈스마트쉼센터〉라는 사이
트를 이용해 보길 바랍니다. 이 사이트에서 스마트폰에 대한
과의존 정도를 측정할 수 있습니다. 이 사이트를 이용하는
것은 공짜일까요? 무료일까요? (같은 말입니다.)

　　먼저 인터넷 주소 'https://www.iapc.or.kr'을 치면 스마

01 스마트폰 이용시간을 줄이려 할 때마다 실패한다.

○ 전혀 그렇지 않다　　○ 그렇지 않다　　○ 그렇다　　○ 매우그렇다

02 스마트폰 이용시간을 조절 하는 것이 어렵다.

○ 전혀 그렇지 않다　　○ 그렇지 않다　　○ 그렇다　　○ 매우그렇다

03 적절한 스마트폰 이용시간을 지키는 것이 어렵다.

○ 전혀 그렇지 않다　　○ 그렇지 않다　　○ 그렇다　　○ 매우그렇다

04 스마트폰이 옆에 있으면 다른 일에 집중하기 어렵다.

○ 전혀 그렇지 않다　　○ 그렇지 않다　　○ 그렇다　　○ 매우그렇다

05 스마트폰 생각이 머리에서 떠나지 않는다.

○ 전혀 그렇지 않다　　○ 그렇지 않다　　○ 그렇다　　○ 매우그렇다

06 스마트폰을 이용하고 싶은 충동을 강하게 느낀다.

○ 전혀 그렇지 않다　　○ 그렇지 않다　　○ 그렇다　　○ 매우그렇다

07 스마트폰 이용 때문에 건강에 문제가 생긴 적이 있다.

○ 전혀 그렇지 않다　　○ 그렇지 않다　　○ 그렇다　　○ 매우그렇다

08 스마트폰 이용 때문에 가족과 심하게 다툰 적이 있다.

○ 전혀 그렇지 않다　　○ 그렇지 않다　　○ 그렇다　　○ 매우그렇다

09 스마트폰 이용 때문에 친구 혹은 동료, 사회적 관계에서 심한 갈등을 경험한 적이 있다.

○ 전혀 그렇지 않다　　○ 그렇지 않다　　○ 그렇다　　○ 매우그렇다

10 스마트폰 때문에 업무(학업 혹은 직업 등) 수행에 어려움이 있다.

○ 전혀 그렇지 않다　　○ 그렇지 않다　　○ 그렇다　　○ 매우그렇다

- 10개의 문항으로 스마트폰 과의존 척도를
  확인할 수 있다. (출처 : 스마트쉼센터)

하위요인명	전혀 그렇지 않다 (0~25%)	그렇지 않다 (26~50%)	그렇다 (51~75%)	항상 그렇다 (76~100%)
1. 1요인 (조절실패)			75.00 %	
2. 2요인 (현저성)				83.33 %
3. 3요인 (문제적 결과)			75.00 %	

총점 : 31점 / 40점

결과	고위험 사용자군
해석	스마트폰 사용에 대한 통제력을 상실한 상태로 일상생활의 상당시간을 스마트폰 사용에 소비하고 있으며 그로 인해 대인관계 갈등이나 일상의 역할 문제, 건강 문제 등이 심각하게 발생한 상태로 ICT 역량 발달을 지체시킬 위험성이 높은 상태
	스마트폰 과의존 경향성이 매우 높으므로 관련 기관의 전문적인 지원과 도움이 요청된다.

● 스마트폰 사용 습관을 판단한 결과의 예시 (출처 : 스마트쉼센터)

트쉼센터 사이트에 접속할 수 있습니다. 검색창에 '스마트쉼 센터'라고 입력해도 연결됩니다. 이 중에 '스마트폰 과의존 척도'라는 메뉴를 클릭합니다. 그러면 유·아동, 청소년, 성인 대상으로 구분된 문항을 볼 수 있습니다.

청소년으로 설정하고 성별, 나이 등을 클릭하면 10개의 문항을 볼 수 있습니다. 이름을 적거나 개인정보를 입력하는 칸이 없기 때문에 부담 없이 활용할 수 있습니다.

각 문항에 자신에게 해당하는 정도를 체크하면, 위와 같이 스마트폰 사용 습관을 판단한 결과를 볼 수 있습니다. 특히 고위험 사용자인지 아닌지를 알려주면서 자세한 해석도 제공합니다.

 혼자서 해볼 수도 있지만, 친구들이나 가족과 함께하면서 스마트폰에 대한 의존도에 대해 함께 대화를 나누어보아도 좋겠습니다.

 아! 고위험으로 결과가 나왔다고 해서 당황하거나 슬퍼하지 말고, 상담 메뉴를 활용해 보길 바랍니다. 스마트쉼센터에서는 전화 상담, 온라인 상담, 센터 상담 등 스마트폰 중독에 대한 상담 활동을 지원하고 있습니다.

 최근에는 스마트쉼센터 외에도 여러 전문 기관과 지역사회 관련 기관들이 상담을 지원하고 있습니다. 스마트폰에 지나치게 의존하거나 중독이 의심된다면 부모님, 선생님께 도움을 청해서 전문 기관과 상담해 보아도 좋겠습니다.

 두 번째는 유튜브를 살짝 보았다가 푹 빠져서 보는 친구를 위한 방법입니다.

 스마트폰으로 유튜브 애플리케이션을 열고, 우측 위를 살펴봅니다. 자신의 이름이나 사진이 나옵니다. 그 부분을 누르면 평소에 보지 못했던 메뉴가 열립니다. 가운데 '시청 시간'이라는 메뉴를 클릭해 보길 바랍니다.

● 하루에 어느 정도 유튜브를 시청하는지
확인할 수 있다. (출처 : 유튜브)

그러면 지난 일주일 동안 시청한 유튜브의 통계 그래프가 나옵니다. 예상한 것과 비슷한 결과가 나왔는지 궁금합니다. 특히 그래프의 위를 보면 일일 평균 유튜브 시청 시간이 나오고, 그 아래에 지난주 대비 몇 퍼센트가 증감했는지 알려 줍니다.

그래프 아래를 보면 눈에 띄는 메뉴가 있습니다. '시청 중단 시간 알림'과 '취침 시간 알림'입니다. 계획한 것보다 유튜브를 너무 많이 시청한다면 이 메뉴를 설정해 보는 방법도 권장하고 싶습니다.

유튜브를 보면, 신기하게도 내가 좋아할 만한 영상을 계속 보여주고, 섬네일을 제시해 줍니다. 편리한 면도 있지만, 알고리즘이 계속 영상을 보게 하는 것 같은 느낌도 듭니다. 방금 살펴본 시청 시간 그래프의 아래에 '다음 동영상 자동 재생'이 활성화되어 있다면 이것을 조정해 보는 것도 생각해 보았으면 합니다.

무엇보다 중요한 것은, 자신의 미디어 사용을 돌아보고 성찰하는 자세라고 할 수 있습니다. 얼마나 미디어를 사용하는지, 어떤 목적으로 사용하는지, 미디어로 무엇을 하는지 스스로 점검하고 돌아보는 태도를 갖는 것이 중요합니다.

  가족들과 함께 미디어 사용 규칙에 대한 약속을 정해보는 것도 좋습니다. 예를 들어 식사 시간에는 스마트폰 하지 않기, 자기 전에는 미디어와 거리 두기 등의 활동을 하면서 약속을 만들고 잘 보이는 곳에 크게 적어두는 것도 좋습니다. 온 가족이 함께 미디어 실천 약속을 만들어보는 것! 함께 실천하길 바랍니다.

3장

미디어 리터러시
역량 키우기

미디어를
살펴보다

○

미디어는 용기(컨테이너), 내용(콘텐츠),
맥락(콘테스트)으로 이루어져 있으므로,
우리는 이 세 차원에서 미디어를 읽을 수
있습니다.

　　　　　제가 읽었던 소설 중에 짧지만 깊은 인
상을 받았던 이야기가 있습니다. 프랑스의 소설가 모파상이
쓴 〈목걸이〉입니다. 널리 알려진 작품이어서 읽어본 친구들
도 있을 것입니다. 이해를 돕기 위해 아래에 줄거리를 소개
합니다.

마틸드는 매우 사치스럽고 허영심이 많은 여자이다. 그녀
는 사랑받고 싶었고 누구에게나 매혹적으로 보이고 싶었
으며 남들에게 인기를 얻길 원했다. 마틸드는 언제나 항상
상류층의 삶을 동경했고, 그들처럼 폼나게 살아보고 싶었

으나 그럴 수 없는 현실에 불만족을 느꼈다. 그녀의 남편은 하급 공무원이었으므로 그녀의 욕망을 채워줄 수 없었다. 그러던 어느 날 마틸드의 남편 루아젤은 기뻐할 아내를 생각하며 파티 초대장을 들고 나타난다. 그러나 마틸드는 파티에 입고 갈 옷이 없다며 울음을 터뜨리고 루아젤은 400 프랑 정도 되는 옷을 사주었으나 마틸드는 이번에도 옷에 어울리는 보석이 없다며 짜증을 낸다. 결국 그들은 포래스터 부인에게 다이아몬드 목걸이를 빌려 파티에 가서 행복한 시간을 보낸다. 그러나 집으로 돌아왔을 때 목걸이가 사라진 것을 알고 놀란 그녀와 그녀의 남편은 목걸이를 찾기 위해 애를 썼지만 찾지 못했다. 결국 빚을 져 가장 비슷한 목걸이를 3만 6천 프랑을 주고 산 뒤 포래스터 부인에게 돌려주었다. 그녀는 빚을 갚기 위해서 닥치는 대로 거친 일을 하고 결국 10년 뒤에서야 모두 빚을 갚은 뒤 친구인 포래스터 부인을 우연히 마주쳤다. 그동안 있었던 일을 이야기했는데, 포래스터 부인은 그 다이아몬드 목걸이는 가짜였고 겨우 500프랑밖에 하지 않는다는 진실을 알려준다.

- 모파상의 〈목걸이〉, 줄거리 요약

여러분은 위 이야기를 보고 어떤 생각이 드나요? 문학 작품은 읽는 사람에 따라 느낌이나 감동이 다를 수 있습니다. 누군가는 마틸드와 남편의 헛고생이 그녀의 사치심과 허영심 때문이므로 당연하다고 느낄 수도 있습니다. 하지만 어떤 사람들은 그녀의 허영심과 사치심에 비해 그녀가 너무나 큰 대가를 치렀다고 생각할 수도 있습니다. 또 어떤 사람은 잘못된 판단으로 인해 인생을 힘겹게 살았던 부부를 짠한 마음으로 바라본 사람도 있을 것입니다. 마틸드가 500프랑밖에 되지 않는 가짜 목걸이를 3만 6천 프랑으로 오인하여 10년이나 고생했던 것처럼 우리 앞에 놓인 정보나 상황을 잘못 판단하면 큰 위험에 처할 수 있습니다.

이 순간에도 미디어는 우리에게 엄청난 정보를 제공하고 있습니다. 유익한 정보도 있을 거고, 진실한 정보도 있겠지만 진실이 아닌 정보도 많이 있을 것입니다. 만약 포래스터 부인이 다이아몬드 목걸이가 가짜였다는 것을 미리 알려줬다면, 아니면 적어도 파티가 끝난 다음에라도 알려주었다면, 부부가 10년 동안 고생할 필요가 없었을 것입니다. 잘못된 판단 이전에 진실되지 않은 정보가 제공된 것이죠. 부부는 잘못된 정보 때문에 10년이라는 세월을 헛되이 허비한 것입니다.

미디어가 제공하는 정보는 미디어의 내용에 해당합니다. 미디어가 제공하는 정보를 판단하기 전에 우리는 미디어가 어떻게 이루어져 있는지를 공부할 필요가 있습니다. 미디어는 그 내용을 담고 있는 그릇이 있고, 또 제공된 정보를 둘러싸고 있는 다양한 맥락들이 있습니다. 미디어가 어떻게 이루어져 있는지를 알면 미디어를 보다 정확하게 읽어낼 수 있을 것입니다.

미디어의 구성

미디어를 분석하기 위해서는 미디어가 어떻게 이루어져 있는지를 아는 것이 좋겠죠? 미디어를 구성하는 요소에는 컨테이너container, 콘텐츠contents, 콘텍스트context가 있습니다. 말이 좀 어렵죠?

여러분, '컨테이너'라는 말을 많이 들어봤을 것입니다. 국내 기업이 생산한 상품을 수출하거나 외국에서 생산한 상품을 끊임없이 들여오는 부산과 인천 같은 국제적인 항구에서 많이 볼 수 있죠.

(1)

- 좋은 용기에 좋은 내용을 담아야 한다. (컨테이너)

(2)

- 용기가 정해졌으면 좋은 내용이 담겨야 한다. (콘텐츠)

(3)

- 어떠한 이유에서 콘텐츠가 만들어졌는가. (콘텍스트)

(1)에서 커다란 배에 실린 네모난 모양이 컨테이너입니다. 이 컨테이너에는 세계 각지에서 생산된 다양한 상품이 담겨 있죠. 우리가 알고 있는 컨테이너는 다양한 상품을 담고 있는 그릇 또는 용기를 가리킵니다. 컨테이너라는 말이 어려우니 '물건을 담는 그릇'이라는 의미를 가지고 있는 '용기用器'라는 말을 쓰겠습니다.

(2)를 보면 컨테이너의 내부가 보입니다. 이 컨테이너의 내부에는 상품 대신에 주거용 가구들의 모습이 보이네요. 이 경우 컨테이너의 내부에 담긴 주거용 가구가 콘텐츠가 됩니다. 콘텐츠라는 단어 대신 용기에 담긴 내용물을 가리키는 '내용內容'이라는 말이 좋겠습니다.

위 사진들을 보면 용기의 용도가 다르다는 것을 알 수 있습니다. (1)에서는 배로 용기가 운송되고 있고, (2)에서는 용기가 주거 시설로 사용되고 있으며, (3)에서는 트럭이 용기를 운반하고 있습니다. 또 용기를 실은 배는 다양한 나라에 속할 수 있습니다. 이처럼 용기를 둘러싸고 있는 여러 배경을 콘텍스트라고 부릅니다. 콘텍스트라는 말도 어려우니 용기를 둘러싸고 있는 여러 배경을 뜻하는 '맥락脈絡'이라는 말을 쓰는 것이 좋겠습니다.

● 〈코로나19 국민행동수칙 꼭 기억해 주세요!〉, 질병관리청, 2020

2020년에 가장 조회 수가 높았던 영상을 보면서 살펴볼
까요?(https://www.youtube.com/watch?v=ZFUnG41xJOY)
2020년 3월 질병관리청에서 만든 '코로나19 국민행동수칙
꼭 기억해 주세요!'입니다. 아마 여러분도 한 번쯤은 봤을 수
도 있겠네요. 이 미디어는 영상 또는 유튜브라는 용기로 표
현되었고, 유튜브에 담긴 '코로나19 예방을 위한 국민행동
수칙'이 용기에 담긴 내용(콘텐츠)입니다. 그리고 코로나19
의 감염자가 늘어나는 환경 등이 이 영상이 제작된 맥락이
라고 할 수 있습니다.

미디어 읽기

미디어가 용기(컨테이너), 내용(콘텐츠), 맥락(콘텍스트)으로 이루어져 있으므로 우리는 이 세 차원에서 미디어를 읽을 수 있습니다.

(1) 컨테이너(용기) 읽기

여러분, 미디어의 한 요소인 컨테이너(용기) 부분은 어떻게 읽을까요? 먼저 다루고 있는 용기의 특징, 다른 용기와 비교했을 때 가질 수 있는 장단점 등을 살피면서 읽으면 됩니다. 예를 들어, 다루고 있는 용기가 책이라면 '책'이 가지고 있는 장점과 단점 등에 대해 살펴보면 되겠죠. 특히나 책과는 다른 영화라는 용기와 비교하면서 그 특징을 파악할 수 있습니다.

예를 들어, 아기 돼지 삼 형제 이야기를 책으로 봤을 때와 영화로 봤을 때는 여러 가지 면에서 차이가 있습니다. 아기 돼지 삼 형제 이야기를 용기의 차원에서 다룰 때는 그 내용보다는 전달하는 용기의 차이를 다루게 되는 것입니다. 책을 통해 표현된 《아기 돼지 삼 형제》와 영화로 표현된 〈아기 돼

● 《아기 돼지 삼 형제》, 2007 (출처 : 시공주니어)

● 〈아기 돼지 삼 형제〉, 1933 (출처 : 월트 디즈니)

지 삼 형제〉는 전달되는 것이 어떻게 다른지 등을 따져보는 것이죠.

책, 신문, 잡지 등과 같은 인쇄 매체는 생각을 깊게 해주고, 많은 내용을 다루기에 좋으며, 오랫동안 보관할 수 있는 특징을 가지고 있습니다. 그렇지만 글자가 너무 많고, 처음부터 끝까지 읽어야 한다는 단점도 가지고 있지요.

이에 비해 영상은 눈과 귀에 쏙쏙 들어오며, 감각적이고 직관적이라는 특징을 가지고 있습니다. 그렇지만 많은 내용을 다루기 어렵고, 표면에 치우쳐 전달하려는 속뜻을 간파하기가 힘들 때가 많습니다. 이렇게 볼 때 인쇄 매체의 단점을 극복하고 나온 것이 영상 매체이지만 때로는 내용을 많이 다루고 생각을 깊이 해야 하는 인쇄 매체의 단점이 영상 매체에서 얻기 어려운 장점이 될 수도 있습니다.

이처럼 내용을 전달하는 용기인 컨테이너가 무엇인가에 따라 전달하는 내용, 즉 콘텐츠가 달라질 수 있으므로 우리는 미디어를 읽을 때 미디어의 콘텐츠가 어떤 용기에 담겨 전달되고 있는가를 따져보는 것도 중요하다는 걸 알 수 있습니다.

(2) 콘텐츠(내용) 읽기

내용은 용기에 담긴 내용물을 가리킵니다. 용기가 책이라면 책에 담긴 내용을 가리키는 것이죠. 사실 일반적으로 '미디어 읽기' 하면 미디어에 담긴 내용에 대한 분석을 가리키는 경우가 많습니다.

미디어에 담긴 내용을 요약하고 의미를 파악하는 활동 등이 대표적인 내용 읽기에 해당됩니다. 미디어를 비판적으로 분석한다고 할 때 미디어가 담고 있는 내용을 비판적으로 바라보는 경우가 많습니다. 글의 내용이 타당한지, 글의 내용에 오류가 없는지, 글의 내용을 어느 정도 신뢰할 수 있는지, 주장을 뒷받침하는 근거가 충분한 것인지 등에 대해 판단해 보는 것이죠.

내용을 분석하는 것이 곧 미디어를 분석하는 것은 아니지만, 미디어의 내용을 읽는 것은 미디어 읽기의 많은 부분을 차지할 정도로 중요합니다. 내용을 정확하게 분석하고 나면 왜 그런 분석이 나오는지 의문이 들 경우가 있습니다. 이런 경우 내용을 전달하고 있는 용기와 다음에 다룰 맥락과 연관하여 분석한다면 내용을 폭넓게 이해하는 데 도움을 받을 수 있습니다.

여기까지는 어렵지 않게 이해했을 것입니다. 다음에 다루는 맥락에 대한 분석은 여러분이 이해하기에는 좀 어려운 부분이 있습니다. 되도록 쉽게 설명하도록 노력하겠으니 찬찬히 따라왔으면 좋겠습니다.

(3) 콘텍스트(맥락) 읽기

흔히 '맥락'이라고 번역되는 '콘텍스트'는 용기와 내용을 둘러싸고 있는 여러 요소를 가리킵니다. 앞에서 책이 '용기'에 해당되고, 책에 담긴 내용이 '내용'이라면, 책을 읽을 수 있는 환경이 '맥락'이라고 말했었죠. 그런데 맥락은 책을 읽을 수 있는 환경뿐 아니라 용기와 내용을 둘러싼 다양한 환경을 가리킵니다. 어찌 보면 용기와 내용을 제외한 나머지 부분을 맥락이라고 봐도 상관이 없습니다.

앞에 나왔던 동화 《아기 돼지 삼 형제》와 월트 디즈니에서 제작한 영화 〈아기 돼지 삼 형제〉는 '평소에 미리 대비를 하면 어떠한 어려움이 있어도 극복할 수 있다'라는 공통적인 주제를 가지고 있습니다. 내용의 전개 또한 동화나 영화나 비슷합니다. 차이가 있다면 하나는 이미지와 글자가 결합된 책이라는 용기로, 다른 하나는 시각적 이미지에 청각적 이미지가 결합된 영상이라는 용기로 전달한다는 차이점이 있을 뿐입니다. 그런데 이 영상이 1930년대 미국의 대공황이라는 역사적 상황을 고려한다면 '아기 돼지 삼 형제' 이야기는 단순한 동화 이상으로 다가옵니다.

대공황大恐慌, Great Depression은 20세기에 미국에서 발생한 가장 길고 깊게 스며든 경제위기로, 1929년부터 1939년까지 계속되었습니다. '검은 화요일'로 알려진 월스트리트 대폭락(1929년 10월 말)은 사실상 세계의 모든 분야에 영향을 미쳐, 역사상 가장 힘들었던 경제적 재난 중 하나라고 할 수 있습니다.

아래는 1930년대 미국의 대공황 상황을 고려한 후 아기 돼지 삼 형제 이야기를 분석한 글입니다.

《아기 돼지 삼 형제》는 대공황이라는 시대적 배경과도 절묘하게 맞아떨어졌다. 1929년 10월 주식시장 붕괴로부터 시작된 대공황은 미국 전체를 실업과 불황의 늪으로 몰아넣었다. 〈아기 돼지 삼 형제〉가 개봉한 때는 뉴딜 정책으로 미국을 구해낸 프랭클린 루스벨트 대통령이 취임하고 막두 달이 지났을 때였다. 새로운 대통령에게 희망을 품은 미국인들은 이 작품을 자신의 상황에 대한 은유(비유)로 받아들였다. 특히 막내 돼지처럼 철저하게 준비하면 아무리 무서운 늑대의 위협이라도 막아낼 수 있다는 작품의 메시지는 미국인들에게 크나큰 심리적 위안이 됐다.

대공황이라는 역사적 맥락을 고려하면 '아기 돼지 삼 형제'는 순수하고 교훈적인 이야기가 아니라 대공황 때문에 상처받고 절망하던 미국인들에게 희망과 위안이 되는 치유의 이야기가 됩니다. 미디어의 용기와 내용을 둘러싼 맥락은 매우 다양할 수 있으며, 그에 따라 미디어의 내용은 다양한 각도에서 새롭게 읽힐 수 있습니다.

미디어를
비판적으로
읽다

○

미디어를 비판적으로 읽는다는 것은 미디
어의 내용 등이 합리적인지를 따져보는 것
이라 할 수 있습니다.

비판적 읽기란?

우리는 일상생활에서나 대중매체를 접하면서 '비판'이라
는 말을 많이 듣습니다. 상대방의 의견을 비판한다든지, 누
군가의 행동이나 생각을 비판한다든지 등의 말을 자주 듣
게 되죠. 이런 경우 '비판'이라는 말은 잘못된 생각이나 행동
에 대해 지적하는 '비난'이라는 말과 유사하게 느껴집니다.
하지만 비판은 비난과는 달리 말과 행동이 이치에 맞는지를
판단하는 사고라고 할 수 있습니다. 여러분도 학교생활을 하
면서 한 번 정도는 다음과 같은 상황을 경험했을 것입니다.

나를 회장으로 뽑지 않다니!	친하다고 해서 회장으로
너희들 제정신이니?	뽑아주는 것은 옳지 않아!
비난	비판

　일반적으로 '비판' 하면 상대를 깎아내리는 것을 떠올리기 쉽지만, 비판적으로 바라본다는 것은 제공된 정보가 합리적으로 타당한지를 판단해 보는 것입니다. 남을 욕하거나 공격하기 위해 비판하는 것이 아니라 합리적으로 판단하기 위해 비판적으로 바라보는 것이죠.

　그렇다면 미디어를 비판적으로 읽는다는 것은 미디어를 읽을 때 미디어의 내용 등이 합리적인지를 따져보는 것이라 볼 수 있습니다. 이는 곧 미디어의 내용 등이 이치에 맞는지를 따져보는 것이라 할 수 있습니다. 우리가 접하는 정보가 이치에 맞는지에 대한 판단이 필요한 이유는 우리가 가짜 뉴스나 허위 정보를 쉽게 믿는 인지구조를 가지고 있기 때문입니다.

가짜 뉴스나 허위 정보에 취약한
우리의 인지

구본권 한겨레신문 선임 기자는 우리가 허위 정보에 취약
한 이유로 우리가 가지고 있는 인지적 특성을 들었습니다.

어? 이건 듣도 보도 못한 아주 색다른 정보네!	에이~ 이거 내가 알던 것하고 다르잖아!	"인간은 자기가 보고 싶다고 생각하는 현실밖에 보지 않는다." - 율리우스 카이사르
(1)	(2)	(3)

(1) 인간은 새롭고 이색적이고 강렬한 정보에 끌림.
(2) 자신이 아는 것과는 다른 것을 거부하는 인지 부조화
    의 회피.
(3) 믿고 싶은 것만 믿는 인간의 확증 편향.

특히, 자신이 믿고 싶은 것만 믿고자 하는 확증 편향은 연
구자들이 가짜 뉴스나 허위 정보에 약한 인간의 취약성으로
공통으로 꼽은 특성입니다. 인지 부조화의 회피란 자신이 이

미 알고 있는 정보와는 다른 정보를 접했을 때 본능적으로 이를 회피하는 특성을 말합니다. 어찌 보면 '(1) 새롭고 강렬한 정보에 끌리는 특성'과 '(2) 인지 부조화의 회피'는 일면 서로 모순적으로 보입니다. 하지만 자신이 알거나 믿는 분야의 새롭고 강렬한 정보라면 두 특성이 양립을 넘어서 엄청난 시너지 효과를 발휘하여 가짜 뉴스와 허위 정보는 전 세계적으로 맹위를 떨치고 있습니다.

그렇다면 왜 가짜 뉴스나 허위 정보는 일반 정보보다 더 빨리 퍼질까요? 제랄드 브로네르Gérald Bronner 교수에 의하면 인터넷이 발달하면서 가짜 뉴스가 알려지는 속도가 어마어마하게 빨라졌다고 합니다. 이전에는 사건이 있고 그것이 음모론 등으로 바뀌는 시간이 일 년, 한 달, 일주일, 몇 시간에서 실시간으로 바뀔 정도로 그 속도가 빨라졌다고 합니다. 제랄드 브로네르 교수는 이토록 가짜 뉴스가 빨리 퍼지는 이유로 소수의 인터넷 권력자들이 목소리를 크게 내고, 대다수는 침묵하기 때문이라고 밝히고 있습니다. 흔히들 인터넷을 개인이 자유롭게 의견을 표출하는 민주주의의 새로운 장이라고 말하지만, 목소리가 큰 인터넷 권력자들의 목소리가 인터넷을 지배하는 현상을 두고 볼 때 과연 인터넷이 새로

● 가짜 뉴스나 허위 정보를 접했을 때
  이를 판별하여 물리치는 능력이
  비판적 사고력이다.

운 민주주의 실현의 장이 될 수 있을 것인가에 대해 의문이 든다고 말했습니다. 이를 극복하기 위해서는 모두가 지적 면역 체계를 갖춘 정보 시장의 조정자가 되어야 하며, 면역 체계를 갖추도록 가르치는 것이 오늘날 교육의 가장 큰 과제라고 강조했습니다. 그렇다면 우리가 가짜 뉴스나 허위 정보에 휘둘리지 않기 위해서는 평소에 가짜 뉴스나 허위 정보에 대한 면역력을 가지고 있을 필요가 있습니다. 가짜 뉴스나 허위 정보를 접했을 때 이를 판별하여 물리치는 면역 주사 또는 근육에 해당하는 것이 바로 비판적 사고력입니다.

미디어의 면역 주사: 비판적 사고력

우리나라 청소년들이 가장 어려워하는 사고 능력은 무엇일까요? 일반적으로 사고의 종류에는 기억, 상상, 연상, 궁리, 판단, 추론 등이 있습니다. 상상이나 연상 등은 상상력과 관련되고, 판단이나 추론 등은 논리적 사고와 관련됩니다. 이때 판단하는 능력과 추론하는 사고 작용을 합하면 일종의 비판적 사고력이 됩니다. 제가 만난 청소년들은 다양한 생각하는 능력, 즉 사고력 중에서 논리적 비판력 곧 비판적 사고 능력을 가장 이해하고 적용하기 힘든 것으로 뽑았습니다. 그러다보니 비판적 사고력은 꼭 익혀야 할 능력이지만 익히기 쉽지 않은 사고 능력처럼 보입니다.

하지만 비판적 사고력은 우리의 삶과 떨어져 있는 어떤 것이 아닙니다. 비판적 사고력은 우리가 사는 세상에서 벌어지는 일이 이치에 맞는지, 앞뒤가 맞는지를 판단하는 능력입니다. 사실 우리가 사는 세상은 엉터리, 거짓말, 헛소리 등과 같이 논리가 아니거나 비논리적인 말로 가득 차 있습니다. 이런 비논리적인 말 사이에서 논리적으로 타당한 말을 구별해 내는 능력이 바로 비판적 사고력입니다. 간단히 말해서 내가 보고 들은 정보가 타당한가를 평가할 수 있는 능력이 바로 비판적 사고력입니다.

대통령은 지난 3월 '신의 선물', '게임체인저'라는 말을 써 가며 말라리아 치료제인 하이드록시클로로퀸에 찬사를 보냈다. 또 그는 지난 4월 백악관 브리핑에서는 소독제를 인체에 주입하는 것이 치료에 사용될 수 있는지 연구할 것을 제안하기도 했다. (연합뉴스, 2020년 10월 1일 자)

이 기사의 주인공은 누구일까요? 이 주장은 놀랍게도 미국과 미국민을 책임졌던 미국 대통령이 한 말입니다. 그의 주장을 믿고 실제로 소독제를 먹고 사망한 사람도 있었죠. 미국 존스홉킨스대의 조슈아 샤프테인 박사는 "코로나19 대처에서 미국이 다른 나라들보다 잘하지 못한 주요 원인 가운데 하나는 허위 정보"라고 지적했습니다. 다음 숫자들은 뭘 의미할까요?

6. 20 ~ 9. 22
18건
30,000명
700명

위 숫자는 2020년 6월 20일에서 9월 22일까지 대통령이 진행한 18건의 유세로 인해 코로나19 확진자가 30,000명 정도 발생했고, 700명 정도가 사망했다는 내용입니다. 30,000은 유세에 직접 참여했다가 코로나에 감염된 사람과 그들을 접촉해서 감염된 사람의 총합입니다. 허위 정보와 그것을 진실이라고 믿고 따르는 행동이 얼마나 무서운 결과를 초래하는지를 볼 수 있습니다.

이렇게 잘못된 정보의 확산으로 인해 불필요한 사회적 갈등과 분열을 예방하기 위해서는 미디어가 제공하는 정보를 합리적으로 판단할 수 있는 미디어 근육을 길러야 합니다. 미디어 리터러시 교육이 필요한 현실적인 이유를 여기에서도 발견할 수 있습니다.

다양한 층위에서 기를 수 있는
비판적 사고력

그렇다면 비판적 사고력은 어떻게 기를 수 있을까요? 우선은 정보의 내용이 합리적인지를 따져보는 것입니다. 정보의 내용을 판단하는 활동은 국어 시간에 많이 해봤죠. 주장하는 글의 경우, 주장을 뒷받침하는 근거가 타당한지, 주장과 근거 사이에 연관성이 있는지 등을 따져보는 것이죠. 설명하는 글의 경우, 설명하고자 하는 것과 설명된 것 사이의 연관성이 적절한지 등을 판단해 보는 것이죠. 그런데 우리가 정보를 비판적으로 사유한다는 것은 제공된 정보의 내용뿐 아니라 그 정보를 둘러싼 다양한 환경이나 상황에 대해 비판적으로 사고하는 것을 의미합니다.

다음에 제시하는 철수의 예를 보면서 다양한 환경이나 상황을 비판적으로 읽는다는 것이 무엇인지를 생각해 봅시다.

학교 기자인 철수는 코로나19로 집에서 많이 생활하여 운동량이 부족한 친구들에게 실내에서 쉽게 따라 할 수 있는 운동법을 소개하는 영상을 제작하여 학교 홈페이지의 기자단 블로그에 올렸다.

여기에서 정보 전달 용기, 정보 전달 내용, 정보 전달 맥락에 대해 살펴보면, 철수는 정보를 전달하는 용기 곧 컨테이너로 블로그를 택했습니다. 또 전달하고자 하는 내용 곧 콘텐츠는 '실내에서 쉽게 따라 할 수 있는 운동법'이고, 친구들이 코로나 팬데믹으로 인해 집에서 생활하는 바람에 운동량이 부족하다는 것이 정보가 생산되고 전달되는 맥락이라고 할 수 있습니다.

그런데 이 상황을 조금 더 세부적으로 생각해 보면, 철수는 이 정보를 만들어 친구들에게 제공하려고 한다는 것을 알 수 있습니다. 곧 정보의 생산자와 소비자 사이에 정보의 내용이 있고, 이 모든 상황을 둘러싼 정보가 만들어져 전달되고 소비되는 맥락이 있습니다.

철수 ──────── 메시지 ──────── 친구들

(정보의 생산자)　　　　(정보의 내용)　　　　(정보의 소비자)

메시지 또는 정보를 비판적으로 읽는다는 것은 이 모든 과정에 대해 비판적으로 읽는 것을 의미합니다. 이런 측면에서 비판적 읽기와 관련된 질문은 아래와 같습니다.

(1) 정보 생산자는 왜 이 정보를 만들었는가?
(2) 이 정보의 내용은 타당한가?
(3) 정보 소비자는 이 정보를 어떻게 받아들이고 있는가?

(1), (2), (3)이 정보의 생산 및 수용과 관련된 기본적인 비판적 질문입니다. 여기에 이런 과정을 둘러싸고 있는 맥락이나 상황과 관련된 질문을 던지는 것입니다.

(4) 이 정보를 둘러싼 상황은 무엇인가?

(5) 이 정보는 어떤 방식으로 제작되었는가?

(6) 이 정보를 만들기 위해 누구와 접촉했는가?

(7) 평소 내가 정보를 생산하는 방식은 어떠한가?

⋮

(n) _____

여기에서 제가 (n)이라고 표시한 이유는 정보의 생산 및 소비와 관련된 맥락이나 상황이 정해져 있지 않고 매우 다양할 수 있기 때문입니다. (7)번과 같은 질문은 정보 생산자의 생산 방식에 대한 비판적 성찰을 담고 있는 질문입니다. 위를 철수의 상황과 관련된 질문으로 바꾸어보면 비판적 질문은 아래와 같습니다.

(1) 철수는 왜 이 정보를 만들었는가?

(2) 철수가 만든 정보는 유용하거나 타당한가?

(3) 친구들은 이 정보를 어떻게 받아들이고 있는가?

(4) 이 정보를 둘러싼 상황은 무엇인가?

(5) 이 정보는 어떤 방식으로 제작되었는가?

(6) 이 정보를 만들기 위해 누구와 접촉했는가?

(7) 철수가 정보를 생산하는 방식은 어떠했는가?

⋮

(n) _____

이렇게 보면 비판적 사고력은 정보의 내용적인 면뿐이 아니라, 어떤 정보가 어떻게, 어떤 목적으로 생산되며, 유통되고 소비되는지를 비판적으로 바라보는 것입니다. 미디어 리터러시나 뉴스 리터러시 교육은 미디어나 정보를 단지 수동적으로 받아들이는 소비자가 아닌 뉴스나 미디어를 능동적이고 적극적으로 읽고 쓰는 생산자 곧 '생비자'를 길러내고자 합니다. 이런 측면에서 비판적 사고력은 결국 정보의 소통 과정이 타당한지를 검증하는 능력이라 할 것입니다.

그러므로 미디어 리터러시는 다양한 형태의 메시지에 접근하여 메시지를 분석하고 평가하고 의사소통할 수 있는 능력을 가리킵니다. 미디어 리터러시 능력을 갖춘 사람은 인쇄 매체와 방송 매체를 해석하고, 평가하고 분석하고 생산할 수 있습니다. 이는 뉴스의 내용뿐 아니라 뉴스를 둘러싼 맥락까지 살피는 일이라고 할 수 있습니다. 따라서 미디어 리터러시는 읽기, 쓰기, 말하기, 컴퓨터 사용, 정보의 시각적 제시의 해독, 심지어는 음악적 제시의 해독 등 다양한 기능을 포함합니다.

비판적 사고력은 꼭 논리나 논술과 같은 책을 보지 않아도 다양한 층위에서 기를 수 있습니다. 신문에 실린 기사의 타당성을 검증하는 과정을 거치면서 비판적 사고 능력을 기를 수 있습니다. 뉴스의 인터뷰를 보면서 인터뷰 내용의 타당성을 판단해 볼 수도 있습니다. 심지어는 청소년들이 많이 보는 웹툰이나 뮤직비디오 등을 보면서 비판적 사고력을 기를 수도 있습니다.

이런 측면에서 미디어 리터러시에서 추구하는 비판적 사고력은 정보의 내용뿐 아니라 정보와 데이터가 생산되고, 유통되며, 소비되는 전 과정을 비판적으로 바라보는 것입니다.

- 글쓴이는 어떤 의도로 이런 정보를 생산했는가?
- 생산된 정보나 데이터가 어떤 맥락에서 유통되고 소비되는가?
- 정보가 어떤 목적으로 제시되고 유통되는가?

이런 과정을 구체화하여 반영한 것이 미국 미디어 리터러시 센터CML, Center for Media Literacy에서 구안한 소비자의 질문 다섯 가지입니다.

- 누가 이 메시지를 만들었는가?
- 나의 관심을 끌기 위해 어떤 창의적인 방법 혹은 기술이 사용되었는가?
- 사람들은 같은 메시지를 어떻게 다르게 해석하는가?
- 이 메시지 안에 어떤 생활양식, 가치관, 관점들이 포함 혹은 생략되었는가?
- 이 메시지는 어떤 목적으로 전달되었는가?

이와 같은 질문을 미디어에 던지면서 '수용하는 미디어'에서 '판단하는 미디어'를 실행하는 교육 활동을 할 수 있을 것입니다.

미디어 리터러시
활동을
수행하다

○

우리 앞에 홍수처럼 쏟아지는 정보를 바르
게 이용하기 위해서는 제공된 정보가 믿을
만한 것인지를 판단해야 하며 정보를 합리
적으로 의심하는 생활 습관이 필요합니다.

보고 싶은 것만 본다면

혹시 다음 페이지에 실린 미술 작품을 보신 적이 있나요? 위쪽에 있는 작품의 이름을 아시는 분은 손을 한번 들어보세요. 위쪽 작품은 파블로 피카소의 〈소의 머리Bull's Head〉입니다. 우리가 볼 때는 단순한 자전거의 안장인데, 미술계 거장의 창작품이라고 하니 작품이 된 것입니다. 혹시 이 작품이 얼만지 아시는 분 있나요? 네, 이 작품은 현재 경매 시장에서 300억 원의 가치가 있다고 합니다.

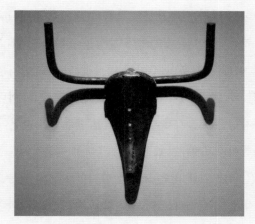

● 파블로 피카소의 〈소의 머리〉, 1942

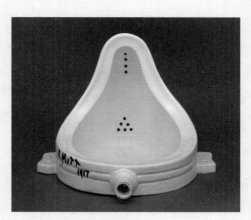

● 마르셀 뒤샹의 〈샘〉, 1917

피카소는 자전거 안장에서 소의 머리를 떠올렸습니다. 현대 미술에서 말하는 독창성은 작품의 내용과 관련된 독창성이기도 하지만, 인식(사고)의 독창성을 뜻하기도 합니다. 앞에서 본 아래쪽 작품의 주인인 마르셀 뒤샹도 변기를 가져다 놓고 '샘fountain'이라고 이름을 붙이기도 했죠. 이러한 인식의 독창성은 예술가들이 지녀야 할 필수적인 자질이고, 예술의 원천이라고 할 수 있습니다. 그래서 예술가들은 인식의 독창성을 얻기 위해 많은 노력을 합니다. 예술가들은 남들이 생각하거나 보는 것과는 다르게 보고 다르게 생각하려고 노력하는 것이죠. 피카소는 다음과 같이 말했습니다.

"나는 보고 싶은 것만 본다."

- 파블로 피카소

평소 이런 인식이 있었기 때문에 보통 사람들과는 다르게 자전거 안장에서 소를 떠올릴 수 있었을 겁니다.

제가 피카소를 언급한 것은 현대 사회에서 뉴스나 미디어를 읽고 소비하는 우리의 관점이 피카소의 관점과 크게 다르지 않기 때문입니다. 피카소가 세계를 바라볼 때 자기가 보고 싶은 것만을 보듯, 우리 또한 세상의 사건과 사고를 전하는 뉴스나 미디어를 보고 들을 때 보고 싶은 것만 보고 듣기 때문입니다.

뉴스 큐레이션과
필터 버블

만약 내가 보고 싶은 정보만 보기를 원한다면 구글, 페이스북, 트위터 등에서 제공하는 맞춤형 뉴스를 이용하면 됩니다. 보통 큐레이터는 작품을 전시 목적에 따라 수집하고 전시하는 역할을 하는 사람을 가리킵니다. 이와 유사하게 뉴스 큐레이터는 사용자가 원하는 목적에 따라 뉴스를 분류하고 배포하는 일을 수행하는데, 구글, 페이스북, 트위터 등이 바로 뉴스 큐레이터라고 할 수 있습니다.

요즘 왜 뉴스 큐레이션이라는 용어가 여기저기에서 회자되는 것일까요? 그것은 홍수처럼 쏟아지는 정보의 소비와 깊은 관련이 있습니다. 요즘 사람들은 종이 신문을 멀리하고 인터넷을 통해 뉴스를 소비하는데, 인터넷 뉴스는 정보를 신속하게 전달하고 대량의 정보를 제공하는 강점이 있습니다.

하지만 신문과는 달리 대량의 정보를 전달할 수 있다는 그 사실이 바로 인터넷 신문의 약점이기도 합니다. 너무나 많은 정보가 한꺼번에 쏟아져 나오면서, 사람들은 뉴스를 일일이 살펴보지 못할뿐더러 피곤함을 느끼기도 합니다. 이렇듯 실시간 대량으로 쏟아져 나오는 기사에 피곤함을 느끼는 독자를 위해 독자가 원하는 기사만 모아 제공하는 것이 뉴스 큐레이션입니다. 이러한 뉴스 큐레이션과 유사한 경향을 보이는 새로운 형태의 뉴스 생산 및 소비 현상이 바로 필터 버블 Filter bubble입니다.

미디어는 보고 싶은 것만을 보는 확증 편향 성격을 이용하여 어떤 사람의 관심 분야를 집중적으로 배치합니다. 예를 들어, 여러분이 관심 분야의 책이나 영화를 한번 검색하면 유사한 주제나 장르의 책이나 영화가 함께 화면에 나타나는 것을 누구나 경험하셨을 겁니다. 이처럼 자기가 좋아하는 것은 계속해서 찾게 되고, 싫은 것은 계속 멀리하게 되는 현상이 갈수록 심해지게 되면서 우리가 좋아하는 것의 울타리 안에 우리 스스로가 갇히게 됩니다. 이러한 현상을

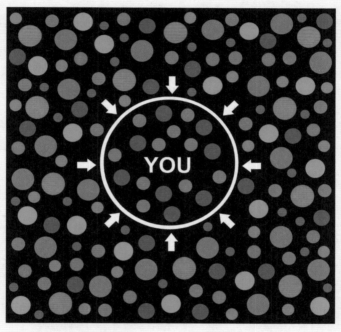

● 좋아하는 정보만 받아들이면
　울타리 안에 갇히게 된다.

'필터 버블'이라고 부릅니다. 필터 버블은 엘리 프레이저Eli praser가 쓴《생각의 조종자들The Filter Bubble》에 등장하는 단어로, 이용자가 필터링된 정보만 접하게 되는 현상을 가리킵니다.

뉴스 큐레이션과 필터 버블은 기사의 홍수에 지친 뉴스 소비자에게 관심 영역의 기사만 제공함으로써 시간을 절약하고 유용한 정보를 얻을 수 있도록 돕습니다. 많은 사람이 자신의 관심에 적합한 콘텐츠를 골라주는 서비스에 만족감을 나타내기에 언론사의 입장에서는 기존 기사를 재활용해 쉽게 콘텐츠를 확보할 수 있다는 장점이 있습니다.

하지만 좋아하는 음식만 먹고 싫어하는 것은 먹지 않으면 영양상의 불균형이 생기듯이, 정보의 편식 현상이 발생한다는 것입니다. 음식의 편식, 특히 패스트푸드의 편식은 영양의 불균형뿐 아니라 비만과 성인병의 가능성을 높이듯, 정보의 편식으로 인한 가짜 뉴스나 허위 정보가 만연하게 되면 사회가 병들게 되는 심각한 문제를 초래할 수 있습니다.

보고 싶은 것만을 보고 듣고 싶은 것만을 들을 때 그 사람의 예술성은 개발될지 몰라도 독단에 빠질 가능성도 큽니다. 이런 사람은 아마도 가짜 뉴스나 허위 정보에 휘둘릴 가능성이 많습니다. 사람들과 더불어 공동체에서 살아갈 때 지나친 독창성은 사람들과의 관계를 해치고 사회를 망가뜨릴 위험이 있습니다. 지나친 주관에서 벗어나 공동체의 문제를 함께 사유하고 합리적으로 해결 방안을 찾기 위해서는 정보가 제공되는 미디어를 합리적으로 바라보는 미디어 리터러시 능력이 필요합니다.

합리적으로 따져보는
미디어 근육 기르기

키아누 리브스가 주연한 영화 〈매트릭스〉에서 모피어스는 네오에게 빨간 약과 파란 약을 주면서 다음과 같이 말을 합니다.

"당신이 지금 빨간 약을 먹으면 매트릭스의 진짜 모습을 보게 되어 진실을 알려가는 일을 하게 될 것이고, 파란 약을 먹으면 그냥 살던 대로 가짜의 세계에서 편안히 살아가게 될 것입니다."

● 영화 〈매트릭스〉에서 모피어스가 네오에게
  빨간 약과 파란 약을 제시하는 장면

이 장면에서 레오는 빨간 약을 삼킵니다. 그 순간부터 레오는 가짜의 세계에서 벗어나 진실을 보게 되지만 기계에게 쫓기는 삶을 살게 됩니다. 한편 긴장되고 숨어 사는 삶에 염증을 느낀 사이퍼는 매트릭스가 설정해 놓은 세계에서 편안하게 살기 위해 동료들을 배반하기도 합니다.

만약 우리가 뉴스 큐레이션과 필터 버블을 통해서만 뉴스를 받아들인다면, 우리는 보고 싶은 것만을 보게 될 확률이 높습니다. 그런데 그것은 진실이 아니라 뉴스 큐레이터의 관점에서 필터된, 즉 가공된 정보라는 데에 문제가 있습니다. 약간 과장된 것 같지만 우리가 뉴스 큐레이터에 의해 가공된 정보만을 본다면, 영화 속 매트릭스와 유사한 세계가 펼쳐지지 않으리라는 보장이 없습니다. 그러므로 우리가 진짜의 세계와 마주하고 살기 위해서는 유용한 정보를 선택하는 판단 능력과 선택된 정보를 비판적으로 바라보는 비판적 사고력을 갖추고 있어야 합니다. 만약 우리가 편안함만을 좇는다면 그 편안함이 우리를 정보의 감옥에 가둘 것이고, 또 우리는 그 감옥의 창살 너머로 보이는 세계만을 보게 될 것이기 때문입니다.

그렇다면 진짜보다 더 사실적으로 다가오는 가짜를 어떻게 판별해 내야 할까요?

여러분 혹시 '나무 문어'라는 말을 들어봤나요? 이 자료는 외국인이자 동양인으로서는 최초로 미국 국가교육발전평가 개발위원을 역임하며 15년간 문해력을 연구해 온 한양대학교 조병영 교수님이 한 방송에서 제시한 자료입니다. 위는 원문이고 아래는 번역문입니다. 번역문을 보면서 이야기를 이어가겠습니다.

조 교수님은 이 기사를 보여준 후에 참여한 패널들에게 기사에 대해 질문을 했고, 패널들 또한 다양한 질문을 쏟아냈습니다.

(1) 나무에도 문어가 사나요?
(2) 어떻게 해야 멸종 위기에 처한 나무 문어를 구할 수 있나요?
(3) 왜 나무 문어는 멸종의 위기에 처했나요?

이외에도 많은 질문이 있었습니다만, 몇 가지만 살펴보겠습니다. (1)은 기사의 내용을 의심하는 질문이고, (2)와 (3)

● 태평양 북서부 나무 문어를 소개한 기사
  (출처 : JTBC 〈차이나는 클라스〉)

은 기사의 내용이 사실이라는 전제하에 이루어진 질문이라는 것을 알 수 있습니다. 조 교수님은 이런 질문의 답을 찾는 방법으로 세 가지를 제시했습니다.

(1) 누가 이야기하는가?
(2) 근거는 무엇인가?
(3) 다른 자료는 어떻게 이야기하는가?

이를 근거로 번역된 기사의 진위를 따져볼까요? 순서에 따라 판정해 보겠습니다.

(1) 누가 이야기하는가?

이 부분을 검증하기 위해서 앞의 기사들을 살펴보기로 하죠. 영어로 된 자료를 보면 위 기사의 출처가 'zapatopia.net/treeoctopus'로 되어 있습니다. 도메인이 'net'으로 끝나네요. 이것이 가지고 있는 의미는 무엇일까요? 일반적으로 도메인 체계는 정부 기관일 경우 'go.kr', 비영리 기관일 경우 'or.kr', 대학 기관일 경우에는 'ac.kr'로 끝나며('kr'은 대한민국을 의미함), 'daum.net'처럼 'net'으로 끝난 경우에

● 조병영, '세상을 읽는 힘, 문해력을 키우자'
  (출처 : JTBC 〈차이나는 클라스〉 232회, 2022. 3. 6.)

는 민간 기업인 경우가 대부분입니다. 또 이 화면에 나온 것은 아니지만 '유명 스폰서'를 구한다고 나와 있습니다. 이렇게 볼 때 이 기사는 민간 기업에서 투자자를 구하고 이윤 창출을 위해 만든 광고형 기사일 가능성이 큽니다. 우리는 출처 등을 보면서 이 기사가 혹시 기업이나 단체의 이익을 위해 만들어낸 것은 아닐까 하고 생각해 볼 필요가 있습니다.

(2) 근거는 무엇인가?

위 기사의 작성자는 문어가 멸종 위기에 처한 이유로 벌목

● 문어를 액세서리로 사용한 여성을 그린 그림

꾼들이 나무 문어를 부정하게 여겨 학살했고, 귀족 부인들이
부를 과시하기 위해 독특한 패션용으로 사들였기 때문이라
고 말했습니다.

　근거들이 합리적으로 느껴지나요? 아무리 독특한 패션을
좋아하더라도 문어를 액세서리로 사용할 여인은 드물 것이
고, 그 때문에 문어가 멸종 위기에 처했다는 근거는 타당성

이 없다고 판단할 수 있습니다.

(3) 다른 자료는 어떻게 이야기하는가?

만약 나무 문어가 희귀종이고 멸종 위기에 처했다면 이를 연구하는 연구자나 기관들이 있을 것입니다. 그러나 어딜 찾아봐도 나무 문어를 연구하는 연구자나 기관은 없습니다. 이렇게 어떤 사건이나 주제에 대해 다른 자료는 어떻게 생각하고 있는가를 보는 것은 자료의 타당성을 판단하는 데 큰 역할을 할 수가 있습니다. 나무 문어에 대해 다루는 다른 자료는 없으므로 이 기사는 가짜 뉴스 또는 광고형 기사라고 볼 수 있겠네요.

그렇다면 진짜보다 더 사실적으로 다가오는 가짜를 어떻게 판별해 낼까요? 앞서 조 교수님이 제시한 세 가지 방법은 '무한한 정보 속 가짜를 피하고 진실을 읽는 세 가지 방법'이라고 볼 수 있습니다. 이 능력을 키울 수 있을 때 우리는 우리 앞에 놓인 수많은 정보를 바르게 바라보고 읽어낼 수가 있습니다. 우리가 평소에 원활하게 움직이고 활동하면서 힘을 쓰기 위해서, 또 건강하게 살기 위해서는 근육이 필요하듯, 우리가 미디어 생활을 하면서 건강하게 살기 위해서는 가짜 정보나 허위 조작 정보를 구별해 낼 수 있는 미디어 근육이 필요합니다. 조 교수님이 제기한 이 세 가지 방법을 평소에 실천한다면 우리 자신의 미디어 근육을 기를 수 있습니다.

한겨레신문 구본권 선임 기자 또한 우리가 가짜 뉴스나 허위 정보를 구별해 내기 위해서는 우리가 다음과 같은 비판적 사고의 도구를 갖추어야 한다고 밝히고 있습니다.

(1) 모든 지식은 완벽하지 않다.
(2) 주장의 근거를 의심하라.
(3) 발화자의 의도를 파악하라.
(4) 사실과 의견을 구별하라.

이처럼 우리 앞에 홍수처럼 쏟아지는 정보를 바르게 이용하기 위해서는 제공된 정보가 믿을 만한 것인지를 판단해야 합니다. 일상적으로 마주하는 의심스러운 정보를 판단하는 미디어 근육이 필요한 것이죠. 우리가 평소에 미디어 근육을 기르기 위해서는 (1) 의심하고, (2) 따져보고, (3) 검색하면서 합리적으로 의심하는 생활 습관, 새로운 읽기 근육을 길러야 합니다.

4장

미디어의
생산과 공유

미디어의
소비자에서
생비자로 탄생하다

○

미디어를 소비하는 동시에 생산하는 역할
을 하는 경우를 생비자라고 하며, 소비자
에서 생비자로의 전환은 우리가 미디어를
수동적이 아닌 능동적으로 이용할 때 이루
어집니다.

미디어와 공동체의 문제

여러분, 편의점에서 물건을 사거나 인터넷에서 상품을 사서 소비했던 경험이 있을 것입니다. 이렇게 누군가가 생산한 물품이나 지식을 사서 소비하는 사람과 마찬가지로, 미디어를 소비하는 사람도 일종의 소비자라고 할 수 있습니다. 우리는 노래의 음원이나 영화를 구매해서 소비할 뿐만 아니라 텔레비전이나 인터넷과 같은 미디어를 소비하기도 합니다. 책, 신문, 라디오, 텔레비전과 같은 전통 미디어를 이용할 경우에는 누군가가 생산한 정보를 소비하는 경우가 많았습니다. 물론 간혹 작가나 기자가 되어 미디어의 생산자가 되는 경우도 있지만, 일반인들이 미디어의 생산자가 되어 생산한 정보를 제공하기는 힘들었습니다. 다양한 미디어가 보급되고 1인 미디어가 확산되면서, 이제는 미디어를 단지 보고 즐기는 것에 그치지 않고 미디어를 생산하고 공유하는 사람들이 늘었습니다. 이처럼 미디어를 소비하는 소비자이며, 동시에 미디어를 생산하는 생산자 역할을 하는 경우를 생비자prosumer, 生費者라고 합니다. 결국 우리는 미디어의 소비자와 생산자 모두인 생비자라고 할 수 있습니다.

소비자에서 생비자로의 전환은 우리가 단지 미디어를 수동적으로 소비하는 존재가 아니라 미디어를 적극적으로 이용하는 능동적인 존재라는 것을 의미합니다.

여러분, 학교나 집 등 우리 주변에 이용할 수 있는 미디어가 없다면 어떤 일이 벌어질까요? 나와 멀리 떨어져 있는 곳에서 벌어지는 일에 대해서 알 수가 없을 것이고, 또한 나의 생각과 느낌을 내 앞에 보이는 사람 이외의 다른 사람에게 전달하기도 어려울 것입니다.

우리는 미디어를 통해 수많은 정보를 접하거나 만들어냅니다. 이 과정에서 우리는 공동체가 처한 현실, 곧 공동체의 문제를 만나게 되는 경우가 많습니다. 기후 변화처럼 우리의 힘만으로는 해결하기 어려운 문제를 접하기도 하고, 반의 청소처럼 생활 속의 문제를 접하기도 합니다. 이러한 공동체의 문제가 발생했을 때 우리는 공동체 구성원들과의 협력을 통해 공동체의 문제를 해결하기 위해 노력하기도 합니다. 그 해결 방법을 찾을 때뿐만 아니라 찾은 해결책을 미디어를 통해 다른 사람들과 공유하기도 합니다. 이처럼 미디어는 문제의 발견, 해결 방법 모색, 해결 방법 제시, 공유 등의 모든 과정에서 유용한 역할을 할 수가 있습니다.

미디어 생산의 의미

여러분은 미디어를 이용하면서 미디어의 내용만 보나요? 아마도 어떤 미디어를 이용한 후에 '좋아요'를 눌러본 경험이 있을 것입니다. 아주 거창한 것은 아니지만 이런 행위는 미디어를 이용하는 것은 물론 미디어 생산자와의 소통에 적극적으로 참여하는 것이라 볼 수 있습니다. 나아가 블로그나 인터넷 카페에 댓글을 쓰거나, 소셜 미디어의 정보를 편집해 인터넷에 올리는 것도 미디어 생산에 참여하는 것이라 볼 수 있고요. 그러므로 미디어 콘텐츠에 '좋아요', '싫어요' 등을 누르는 것이나 정보를 스크랩하는 행위까지 모두 넓은 의미의 미디어 생산이라고 할 수 있습니다.

앞서 '미디어 리터러시 역량 키우기'에서 보았던 조병영 교수의 말을 다시 가져옵니다. 조 교수님은 제대로 읽는 능력, 나아가 제대로 읽고 쓰는 능력, 곧 문해력이 세상을 바꿀 수 있다고 말했습니다. 그 예로 그는 몇 년 전 백인 경찰관의 흑인 살해 사건과 관련된 이야기를 들었습니다.

상황: 백인 경관의 흑인 살해 사건과 관련해서 많은 사람이 이에 항의하고자 시위를 했습니다. 그런 중에 백인 경관이 흑인 청년의 목을 무릎으로 누르자 흑인 청년이 살려달라고 외치며 숨을 쉴 수가 없다고 했지만 백인 경관이 멈추지 않는 영상이 인터넷을 통해 공개되자 더 많은 사람이 항의 시위에 참여했습니다. 어떤 지역에서는 폭동이 일어나기도 했습니다. 이에 경찰은 불법 행위를 신고해 달라며 트위터에 방을 개설했습니다. 이때 방탄소년단의 팬이었던 소녀가 다음과 같이 트윗했습니다.

● '흑인의 목숨도 소중하다(Black lives matter)'는
　흑인에 대한 과도한 공권력 사용에 항의할 때
　사용하는 시위 구호이다.

"경찰관 아저씨, 트위터에서는 영상을 그렇게 쓰지 않아요. 누구를 감시하는 용도가 아니라, 서로 보고 즐기려고 올리는 것이죠. 사람의 문화를 즐기기 위한 수단이지 사람들을 감시하는 도구가 아니란 말입니다!"

조병영 교수님은 소녀가 디지털 공간에서 읽고 쓰는 일이 어떻게 실천되는지 그 속성과 형식을 잘 알고 있다고 보았습니다. 이러한 디지털 리터러시 능력은 교과서에서 배운 정보를 기억한 것이 아니라 자신이 실제로 눈으로 보고 듣고 경험을 통해 얻은 지식이라고 판단했습니다. 소녀의 트윗이 올라온 이후 많은 트위터리안이 "너의 주장을 지지해!"라고 이야기하는 대신 서로의 글을 리트윗하면서 연대를 실천했습니다.

이 이야기를 볼 때 소녀의 미디어 실천이 아주 크고 웅장한 것은 아니었지만 소녀의 주장에 동의하는 사람이 늘어나자 결국 경찰은 시민의 감시를 목적으로 만든 트위터를 삭제했습니다. 소녀의 작은 실천이 연대와 사회적 변화를 이끌어냈던 것이죠.

이처럼 문해력은 단지 글을 이해하는 것에 그치지 않고 나아가 자신의 의사 표현을 통해 실천하는 능력을 포함합니다.
이런 측면에서 '문해력literacy'은 미디어 리터러시의 다른 이
름이라 볼 수 있습니다.

미디어 생산의 팁

이처럼 미디어 생산은 댓글, 좋아요 등과 같은 개인의 간
단한 반응부터, 사회적 문제의 해결을 위한 의사 표현까지
다양합니다. 지금부터 미디어 생산의 다양한 경우를 살펴볼
까요?

(1) 미디어 생산의 예 - 이미지 리터러시

① 뉴스에서 시의성이 있고, 내용을 포함하는 사진을 하나 선정합니다.

② 이미지를 보고 각자 질문을 몇 개씩 만들어봅니다.

③ 짝이나 모둠원과 질문에 대해 서로 의논합니다.

④ 뉴스 사진의 설명(캡션)을 같이 살펴보면서 공유합니다.

다음 활동을 수행하면 재미와 교훈을 함께 얻을 수 있습

니다.

① SNS 내용, 광고 내용 중에서 소비자나 누리꾼을 현혹하거나 클

릭 수를 유도하기 위한 내용을 찾습니다.

② 개인별 또는 모둠별로 과장된 내용을 분석합니다.

③ 실제 적절한 표현으로 바꾸어본 후 친구들에게 공유합니다.

④ 더 좋은 의견을 받아들여 적절한 표현을 완성합니다.

미디어 자료를 기반으로 토론 활동을 해보는 것도 일종의 미디어 생산이라고 할 수 있습니다. 특히 현재 배우고 있는 교과 내용과 배경 지식을 활용하여 근거를 마련하면 통합형 토론을 수행할 수도 있습니다.

① 찬반으로 나뉘거나 논란거리가 있는 미디어 자료 찾기

② 교과 내용과 배경 지식을 활용하여 근거 마련하기

③ 마련한 근거를 바탕으로 의견 제시하고 피드백 받기

● 〈대중교통은 '도서관'입니다〉, 공익광고협의회, 2007

　확대된 미디어 생산의 네 번째 예는 광고 추론 활동입니다. 광고 추론 활동은 광고를 보고 그 기획 의도를 추론하면서 광고를 읽은 후에 그 과정을 역순으로 밟아 광고를 제작하는 것입니다.

　위 광고는 지하철 안에서 책 읽는 모습을 통해 책 읽기의 중요성을 강조하고 있습니다. 2007년에 제작된 이 공익광고는 요즘 현대인들에게도 시사하는 점이 있습니다. 요즘 지하철에서 책 보는 사람은 찾아보기 힘들고 대부분은 휴대폰을 보고 있습니다. 물론 휴대폰을 통해 전자책을 보고 있는 사람도 있겠지만, 대부분은 독서 용도가 아닌 다른 용도로 휴대폰을 사용하고 있을 것입니다. 간단히 말해서 이 광고는 책을 읽자고 권유하는 광고라 볼 수 있겠네요. 내용을 분석하면 다음과 같습니다.

항목		내용
제재		대중교통
기획 의도		책 읽는 문화를 확산시키자.
디자인		지하철을 타고 가면서 책을 읽는 모습
문구	중심 문구	대중교통은 도서관입니다.
	부가 문구	신촌에서 인사동까지는 단편소설 두 편입니다.
한 문장 요약		대중교통을 탈 때 책을 읽읍시다.

《국어시간에 매체 읽기》, 전국국어교사모임 매체연구부, 2007, 나라말, 228쪽.

아이디어 확장 및 선택 과정을 살펴보면 이 광고가 어떤 과정을 거쳐 제작된 것인지 알 수 있습니다. 어떤 면에서 이 광고가 다른 사람의 눈에 띄고 집중하게 만드는지 등을 알 수 있습니다.

대중교통과 유사한 것은 많을 것입니다. 많은 사람을 실어 나른다는 점에서 항공기나 선박 등과 유사성을 가질 수도 있고, 쉬거나 책을 볼 수 있다는 측면에서 도서관과 유사

제재와의 관련	유사한 것(유사성)	관련 있는 것(인접성)
대중교통	콩나물시루	노약자석
	공장	빈 자리
	사진 앨범	양보
	도서관	책, 독서
	여행 가이드	소매치기
	음악실	방송 영상
	침대	새벽일
	꿩 대신 닭	야경

성을 가지고 있을 수 있습니다. 대중교통을 이용하면서 스마트폰이나 통화를 하는 것보다는 자신의 개발을 위해 책 읽기를 강조하고 싶은 것이므로 많은 유사한 것 중에서 도서관이 선택되었고, 또 대중교통에서 책이나 신문을 보는 경우를 고려하여 선택되었습니다. 또 도서관과 독서의 이미지는 너무나 잘 어울려서 최종적으로 채택된 것입니다. 이 과정을 역순으로 밟아가면 유익한 공익광고를 제작할 수 있습니다.

(1) 제재 정하기

제작할 광고의 제재를 선택합니다. 예시로 '공공시설'을 제재로 삼아 진행합니다.

(2) 기획 의도 정하기

기획 의도를 정합니다.

예) '공공시설이 누군가에게는 엄청나게 힘든 시설일 수 있습니다.'

(3) 아이디어 확장 및 선택

제재와의 관련	유사한 것(유사성)	관련 있는 것(인접성)
공공시설	성적	학교
	에베레스트	계단
	편의 시설	시멘트
	놀이 시설	높은 건물
	대중교통	화장실
	검열대	도서관

앞서 봤던 것처럼 아이디어 확장 및 선택 과정을 진행합니다. 우선 제제와 유사한 것과 관련 있는 것을 자유롭게 떠올린 다음 기획 의도를 가장 잘 살릴 수 있는 내용을 택합니다.

(4) 광고 문구와 디자인 결정하기

광고에 들어갈 디자인, 문구를 결정합니다. 이것들이 결정되면 전체 내용을 한 문장으로 요약한 요약문을 작성합니다.

디자인		계단과 에베레스트산의 이미지를 겹쳐 표현
문구	중심 문구	누군가에게 이 계단은 에베레스트일 수 있습니다.
	부가 문구	사회적 약자를 위한 시설을 늘려주세요.
한 문장 요약		누군가에게 계단은 에베레스트일 수 있다.

(5) 광고 기획서 작성하기

앞의 활동을 종합하여 기획서를 작성합니다. 기획서는 앞에서 제시한 형태로 작성해도 되고, 이를 시각화한 형태로 작성해도 됩니다.

항목	내용
제재	공공시설

기획 의도	일반인들에게는 오르기에 큰 어려움이 없는 지하철역의 계단도 장애인들에게는 엄청난 어려움이 될 수 있다. 이런 사실을 알려 공공시설을 지을 때 장애인이 이용하는 것도 고려하여 함께 더불어 사는 사회를 이끌어내고 싶다.	
디자인	오르는 계단과 에베레스트산의 이미지를 겹쳐 표현	
문구	중심 문구	누군가에게 이 계단은 에베레스트일 수 있습니다.
	부가 문구	사회적 약자를 위한 시설을 늘려주세요.
한 문장 요약	누군가에게 계단은 에베레스트일 수 있다.	

우리 모두가 이용하는 공공시설은 비장애인을 기준으로 만들어집니다. 공공시설을 이용하는 사람들 대부분이 비장애인인 경우가 많기 때문입니다. 미디어 또한 비장애인을 기준으로 만들어지므로 장애인들이 이용하기에는 어려운 경우가 많습니다. 다음 광고는 일반인들에게 당연한 것이 그 누군가에게는 당연한 것이 아닐 수도 있다는 것을 깨닫게 해줍니다.

'누군가에게 이것(계단)은 에베레스트일 수 있다'라는 중심 문장이 크게 다가옵니다. 일반인들에게는 오르기에 큰 어려움이 없는 지하철역의 계단도 장애인들에게는 에베레스트를 오르는 것만큼 어려울 수도 있습니다. 이런 사실을 알

기획서 시각적으로 표현하기

제재

공공시설

기획의도

일반인들에게는 오르기에 큰 어려움이 없는 지하철역의 계단도 장애인들에게는 엄청난 어려움이 될 수 있다. 이런 사실을 알려 공공시설을 지을 때 장애인를 배려할 수 있도록 유도하자는 취지이다.

아이디어 확장 및 선택

유사한 것(유사성)	제재	관련 있는 것(인접성)
성적		학교
에베레스트		계단
편의 시설	공공시설	시멘트
놀이 시설		높은 건물
대중교통		화장실
검열대		도서관

한 문장 요약

누군가에게 계단은 에베레스트일 수 있다.

디자인과 문구 작성

문구	중심 문구	누군가에게 이 계단은 에베레스트일 수 있습니다.
	부가 문구	사회적 약자를 위한 시설을 늘려주세요.

For some, It's Mt. Everest.

Help build more handicap facilities.

American
Disability
Association
WWW.ADANET.ORG

● 〈누군가에게는 이 계단이 에베레스트산입니다〉, 이제석, 2007

려 공공시설을 지을 때 장애인을 배려할 수 있도록 유도하자는 취지로 만들어진 광고입니다.

'사회적 약자를 위한 시설을 늘려달라'는 위 광고의 내용을 카드 뉴스로 제작할 수도 있고, 사회적 약자가 계단을 이용하면서 어려움을 겪는 현장에 대한 취재와 인터뷰 등을 통해 영상으로 제작할 수도 있습니다. 다양한 미디어 형식을 통해 공동체의 문제에 대한 해결책을 제시하고 공유할 수 있습니다.

마지막으로 직접 여러분이 주제를 고른 후 미디어 자료를 생산하고, 친구들과 품평회를 해보는 방법을 제안합니다. 여러분은 훌륭한 정보와 소양을 가지고 있으므로 질적으로 우수한 콘텐츠를 만들 수 있습니다. 만든 내용을 친구들과 품평회를 하면서 서로 공유한다면 나의 생각을 펼치는 것은 물론 생산한 미디어를 매개로 많은 사람과 공동체의 문제를 공유할 수 있을 것입니다.

미디어 생산으로
공유하고
해결하다

○

미디어를 주체적이고 능동적으로 이용하
는 소비자는 미디어가 제공하는 정보의 소
비나 수용에 그치지 않고 가치 있는 정보를
담은 미디어를 생산하고 공유할 것입니다.

미디어 생산과 문제의 공유

일반적으로 공동체의 문제라고 하면 한일 관계나 부동산 문제 등 사회적으로 이슈가 되는 큰 문제라고 생각하는 경향이 있습니다. 하지만 우리 주변에는 우리의 삶과 직접적으로 관련된 문제가 아주 많습니다. 예를 들어, 층간 소음의 문제는 누구나 겪을 수 있는 문제인데, 갈등이 심한 경우에는 사회적 문제로 떠오르기도 합니다. 층간 소음의 문제를 당사자가 직접 만나 해결할 수도 있지만 거주민 카페 등을 이용해 함께 해결책을 찾아나갈 수도 있습니다. 각자의 입장에서만 보게 되면 풀리지 않을 것만 같은 문제도 다른 거주민의 의견을 통해 해결될 수도 있습니다. 이처럼 미디어는 다른 사람이 공동체의 문제에 관심을 갖도록 하는 데 큰 역할을 할 수가 있습니다.

가수 윤○○이 2016년 12월호에 신곡을 발표했는데, 발표한 신곡의 제목은 '그래도 크리스마스'입니다. 그는 홈페이지를 통해 "올해 어수선한 일들이 참 많았잖아요. 하지만 우리가 크리스마스까지 잃어버릴 수는 없지 않나 하는 생각이 들었어요. '그래도 크리스마스가 왔으니 내 곁에 있는 좋은 사람들과 건배 정도는 하자'는 이야기를 해보았습니다"라고 창작 의도를 밝혔습니다.

여러분은 2016년도에 무슨 일이 있었는지 잘 기억할 것입니다. 그 가수는 힘들어하는 사람들에게 그래도 크리스마스가 왔으니 힘을 내자고 말하고 있습니다. '크리스마스'는 본래 아기 예수의 탄생, 곧 생일을 축하하는 날입니다. 분노와 절망에서 벗어나 새로운 세계의 탄생을 기원하자고 권유하고 있는 것입니다. 평소 사랑과 이별을 주로 노래하던 발라드 가수가 사회적 메시지를 담은 가사를 담아 공동체의 문제에 의견을 표명하고 있습니다. 〈그래도 크리스마스〉라는 곡을 노래(음성)로만 들었을 때보다는 2016년에 있었던 다양한 사건을 배경으로 생각하며 들었을 때 노래의 메시지가 더 강렬하고 쉽게 다가왔을 것입니다. 이처럼 뮤직비디오는 노래와 영상을 통해 창작자의 의도를 선명하게 전달하는 장점이 있습니다.

여러분은 왜 뮤직비디오 같은 영상 미디어를 많이 이용하나요? 아마도 거기에는 청소년들에게 익숙한 춤과 노래 등이 있기 때문일 것입니다. 하지만 영상 미디어는 필요한 정보를 얻는 수단뿐 아니라 새로운 정보를 생산하여 공유할 때도 유용합니다. 특히 미디어를 통해 공동체의 문제를 인식하고 해결책을 발견하며, 해결책을 공유할 때 더욱 유용한 방법이 될 수 있습니다. 한국언론진흥재단의 조사에 따르면 청소년들이 미디어를 통해 사회적 문제에 대해 의견을 표하는 비율이 예상했던 것보다 높았다고 합니다. 더군다나 방탄소년단 같은 보이 그룹이 뮤직비디오를 통해 전달하는 메시지는 많은 사람에게 공유되고 영향을 끼치게 될 것입니다. 그럼 지금부터 방탄소년단의 〈봄날〉이라는 뮤직비디오를 감상한 후 이야기를 이어가 볼까요?

방탄소년단은 노래라는 미디어를 통해 함께 해결해야 할 공동체의 문제에 메시지를 전달하는 대표적인 보이 그룹입니다. 이들이 노래를 통해 전달하는 메시지는 우리나라를 넘어 전 세계인들에게 공감을 얻고 있습니다. 방탄소년단이 한 국가를 넘어 전 세계인들에게 인기를 얻는 이유에는 춤과 노래 실력뿐만 아니라 노래에 담긴 메시지가 세계인들도 공감하는 보편적이고 인류애적인 메시지를 담고 있기 때문입니다. 한 미디어 비평가는 방탄소년단의 몇 노래에 대해 다음과 같이 평가했습니다.

"어른의 세계로 진입해서도 사회의 부조리와 맞서 싸우겠다"라는 메시지를 담고 있는 방탄소년단의 노래 〈Not Today〉의 뮤비는 팬들 사이에서도 해석이 까다롭다는 평이다. '해군수달'의 해석에 따르면 방탄소년단의 〈봄날〉 뮤비는 소설 《오멜라스를 떠나는 사람들》을 차용해 '전체를 위한 소수의 희생을 과연 용납할 수 있는가'라는 질문을 던진다.

솔직히 저도 방탄소년단의 노래에 이런 강력한 메시지가

● 방탄소년단 〈봄날〉 뮤직비디오의 마지막 장면

담겨 있었을 줄은 몰랐습니다. 사실 〈봄날〉을 노래로만 들었을 때는 '보고 싶다. 사진을 보고 있어도 보고 싶다'라는 가사처럼 그리워하는 사람을 이 겨울이 지나고 봄이 오면 만나게 될 것이라는 희망의 노래로 들었습니다.

하지만 뮤직비디오의 마지막 장면, 다른 구성원들이 떨어져 있던 구성원을 만나러 왔을 때 그는 없고 나무에 신발이 덩그러니 매달려 있는 장면은 충격적이었습니다. 신발은 그 신발을 신고 있었던 사람을 대신합니다. 사람은 없고 신발만 나무에 매달려 있는 모습을 보면서 기다리던 사람이 도착하기 전에 세상과 이별해야 했던 비극적인 기다림, 사랑하던 사람이 세상을 떠난 후에야 도착했던 비극적인 만남을 상징한다고도 볼 수 있습니다.

이 장면이 무엇을 의미하는지는 해석에 따라 다르겠지만 '조금 더 머물러줘'라는 가사가 겹쳤을 때는 '전체를 위한 소수의 희생을 과연 용납할 수 있는가'라는 질문이 가능하다는 생각을 했습니다. 물론 방탄소년단의 의도와 상관없이 예술 작품은 다양한 층위에서 해석될 수 있습니다. 하지만 방탄소년단이 노래 가사와는 다른 시각적 비디오를 만들었다는 것은 이 뮤직비디오를 통해 보여지고 들려지는 것 이

외에 다른 메시지를 전달하고 있다고도 볼 수 있습니다. 방탄소년단은 미디어를 통해 공동체에 소외될 수 있는 개인의 문제를 강하게 제기하고 있다고 생각합니다.

미디어 생산과 문제의 해결

그렇다면 공동체의 문제를 인식하고 공유하기 위해 미디어를 제작하는 것은 방탄소년단이나 널리 알려진 가수와 같은 사회적으로 영향력이 있는 사람만 가능한 것일까요? 여러분, 아마 '크레타 툰베리'라는 이름을 들어보셨을 것입니다. 툰베리는 지금은 전 세계적으로 널리 알려진 청소년 환경 전문가이지만 알려지기 전에는 여러분과 마찬가지로 학교에서 배우는 학생이었습니다. 어린 시절 아버지의 영향으로 기후 변화의 문제에 관심을 가졌으며, 2018년 8월 스웨덴 의회 밖에서 처음으로 청소년 기후 행동을 시작했다고 합니다. 그는 자신의 활동 과정을 SNS를 통해 공유했다고 합니다. 처음에는 스웨덴에 사는 한 소녀의 글이었지만, 그녀의 활동이 널리 알려지면서 전 세계 106개 나라의 청소년

● 《타임》이 선정한 2019년 올해의 인물, 그레타 툰베리

기후 활동가들이 생기게 되는 기폭제 역할을 하게 되었습니다. 2019년에 《타임》이 선정한 올해의 인물이 되었고, 그해 노벨 평화상 후보로 추천되기도 했다고 합니다.

스웨덴 한 소녀의 생각이 미디어를 통해 많은 이들의 공감을 얻게 되었고, 기후 변화의 문제에 많은 사람이 동참할 수 있도록 이끌었습니다. 비록 한 소녀의 힘은 미약했지만 미디어를 통한 사회 참여는 많은 이들의 관심을 끌어 사회를 변화시키는 큰 힘을 발휘했습니다. 물론 스웨덴이라는 사회와 우리 사회의 분위기나 환경 등이 같을 수는 없습니다. 그렇지만 여러분이 다른 사람들이나 공동체의 발전을 위한 생각이나 아이디어를 혼자 마음속으로만 생각하지 않고 미디어 생산을 통해 그 생각을 주변 사람들과 함께 공유한다면, 그 생각은 단지 개인의 생각으로 그치는 것이 아니라 사회와 공동체의 발전을 도모하는 가치 있는 생각으로 발전할 수도 있을 것입니다. 다시 말해서 단지 미디어에서 제공되는 메시지를 소비만 하는 것이 아니라 가치 있는 메시지가 담긴 미디어를 생산하여 함께 공유하는 것이 미디어를 주체적이면서도 능동적으로 이용하는 소비자가 되는 것입니다.

미디어로
따뜻한 세상을
만들다

○

미디어를 생산할 때 모든 사람이 쉽게 이용
할 수 있는 디자인의 측면을 고려한다면 더
욱 바람직한 미디어 생활을 할 수 있을 것
입니다.

제가 얼마 전에 겪었던 경험으로 시작
해 봅니다. 통장을 만들기 위해 '오랜만에' 은행을 방문한 적
이 있습니다. '오랜만에'라는 표현을 쓴 이유는 평소에 인터
넷으로 은행 업무를 보다 보니 은행에 갈 일이 거의 없었기
때문입니다. 은행에 들어서자마자 번호표를 뽑고 한참을 기
다린 후에야 통장을 개설할 수 있었습니다. 기다리는 동안
은행 내부를 둘러보았는데 대부분이 연세가 있으신 어르신
들이었습니다. 그분들도 한참을 기다린 후에야 당신들의 업
무를 보셨는데, 대개는 가족이나 지인에게 돈을 보내는 일이
었습니다. 인터넷으로 간단히 해결할 수 있는 일인데 어르신

들은 몇십 분 또는 몇 시간을 기다려 일을 보고 있으셨던 것이죠. 거기에다가 은행원들의 수고를 빌리게 되니 송금할 때 수수료까지 내면서 말입니다. 어르신들이 이렇게 시간과 비용을 감수하면서까지 은행을 이용하는 이유는 그분들이 디지털 기기를 이용해 은행 업무를 보는 데 어려움이 있기 때문입니다.

아주 옛날이야기 같지만, 요즘에도 미디어의 이용으로부터 소외된 사람도 꽤 많습니다. 다음은 《바람을 길들인 풍차 소년》에 나오는 이야기의 한 구절입니다.

처음 라디오를 들었을 때 나는 그 속에 뭐가 있는지 궁금해했다. 라디오를 분해해서 둥근 판들과 색색의 전선을 한참씩 들여다보며 그것들의 역할이 무엇이고 왜 색깔이 다른지 생각하곤 했다.

　　　　　　　　　- 《바람을 길들인 풍차 소년》, 서해문집, 63쪽.

우리는 라디오가 어떤 것인지 알고 있습니다. 그렇지만 라디오가 소리를 내는 원리까지 아는 사람은 드물 겁니다. 만약 라디오가 소리를 내는 원리를 알고 싶어지면 책을 찾아보거나 유튜브 영상 등을 볼 것입니다. 하지만 미디어를 이용하기 어려운 사람은 위 책의 소년처럼 실제로 라디오를 분해하고 작동해 보면서 원리를 파악할 수밖에 없을 것입니다.

미디어로 벽 없애기, 배리어 프리Barrier free

앞에서 본 풍차 소년의 이야기는 문명에서 소외된 지역의 사례이기 때문에 그럴 수 있다고 생각할 수도 있습니다. 하지만 우리나라의 경우에도 의료 기술 발달로 고령 인구가 증가하면서 미디어 이용에 어려움을 겪는 사람들이 늘고 있습니다.

일반국민	100.0%
19세 이하	111.3%
20대	127.0%
30대	123.5%
40대	112.4%
50대	98.9%
60대	70.3%
70대 이상	27.4%

연령별 디지털 정보화 접근 수준
(출처 : 한국 정보화 진흥원, 〈2018 디지철 정보격차 실태조사〉)

이 자료는 한국 정보화 진흥원에서 실시한 〈2018 디지털 정보격차 실태조사〉입니다. 이 자료를 보면 노년층(만 70세 이상)의 디지털 정보화 수준이 일반 국민을 100%로 봤을 때 27.4%밖에 안 되는 것으로 보입니다. 모든 세대, 심지어 60 대도 평균점을 훨씬 넘었는데 70대 이상은 평균의 절반 수준에도 못 미치는 것을 알 수 있습니다.

그런데 70대 이상에서 90.1%의 어르신들이 컴퓨터·모바일 기기 보유를 보유하고 있으며 인터넷을 사용할 수 있다고 답했습니다. 기기를 보유하고 있고 인터넷을 사용할 수 있음에도 불구하고 70대 이상 어르신들의 디지털 정보 활용 능력이 현저하게 떨어진다는 것을 알 수 있습니다.

다음 조사는 2019년에 과학기술정보통신부에서 실시한 디지털 정보 격차에 관한 것입니다. 이 조사에서 저소득층, 장애인, 농어민, 고령층이 정보 취약 계층으로 파악됐습니다. 네 가지 계층 중에 한 가지만 해당되어도 디지털 기기나 정보를 이용하는 데 어려움을 겪는데, 아마도 두세 가지가 겹치거나 아니면 네 가지 모두에 해당하는 경우도 있을 것입니다.

저소득층	████████████████	87.8%
장애인	█████████████	75.2%
농어민	████████████	70.6%
고령층	███████████	64.3%

일반인 대비 4대 정보취약계층 디지털정보화 종합 수준
(출처 : 과학기술정보통신부, 〈2019년 디지털 정보 격차 실태조사〉)

앞서 다루었던 공익광고를 떠올려 볼까요?(134쪽 참조) 이 광고는 지하철역 계단이라는 공공시설을 제재로 장애인이나 노인층 등 시설물을 이용하는 데 불편을 겪는 사람들을 배려해야 한다는 메시지를 담고 있었습니다. 여기에서 '공공시설' 대신에 '미디어'라는 말을 넣어도 될 것 같네요. '누군가에게 미디어는 에베레스트일 수 있다.' 이 공익광고를 조금 변형하면 '누군가에게는 정보에 접근하고 활용하는 것이 에베레스트에 오르는 것처럼 힘들 수도 있다'라고 읽을 수도 있겠네요.

정보 소외 계층을 위한
이타적 미디어

여러분, 혹시 옆 사진의 물건이 뭔지 아시나요?

우리 몸의 60~70%는 수분으로 이루어져 있다고 합니다. 그래서 우리는 수시로 몸에 수분을 공급해 줘야 건강하게 살아갈 수 있습니다. 그리고 우리는 집이나 가게에서 어렵지 않게 물을 공급받을 수 있습니다.

그런데 여러분이 집 주변에서는 물을 구할 수가 없고 편의점 같은 곳에서 물을 사 먹을 돈이 없어서 몇 킬로미터 떨어진 곳에서 물을 길어와야 한다면 어떻게 될까요? 매일 온 식구가 양동이나 그릇에 물을 담아 몇 킬로미터를 걸어야 할 것입니다. 힘든 것도 힘든 것이지만 걷다가 흘리는 물도 꽤 될 것입니다. 이런 사람들에게 물을 흘리지 않고 쉽게 운반할 수 있도록 만들어진 물건이 Q드럼입니다. Q드럼은 생존에 필요한 물을 얻는 데 어려움을 겪는 아프리카 주민을 위해 누군가가 고안해서 만든 이타적 디자인입니다.

여러분, 혹시 이타적 디자인이라는 말을 들어보셨나요? 이타적 디자인은 가난한 사람, 장애인, 어린이와 여성, 문맹 등

● Q드럼을 끌고 있는 아프리카 흑인 소년의 모습

과 같은 사회적 약자들에게 쓸모 있는 물건을 만드는 일, 또는 그렇게 만든 물건을 가리킵니다. 유사한 표현으로 '적정 기술' 또는 모든 사람을 위한 보편적 디자인을 뜻하는 '유니버설 디자인universal design' 등으로 불리기도 합니다.

미디어 또한 시니어, 장애인, 문맹과 같은 사회적 약자들을 배려하여 만들어지면 이타적 디자인이 될 수 있습니다. 앞서 말했듯이 우리 모두는 미디어를 균등하게 누릴 권리가 있으며, 공동체는 정보나 미디어 소외 계층이 쉽게 정보나 미디어에 접근할 수 있도록 노력해야 합니다. 그래야만 공동체가 건전하게 발전할 수 있을 것입니다.

이타적 디자인 또는 유니버설 디자인은 제품, 시설, 서비스 등을 이용하는 사람이 성별, 나이, 장애, 언어 등으로 인해 제약을 받지 않도록 설계하는 것을 말합니다. 이를 미디어에 적용해 본다면 이타적 미디어 또는 유니버설 미디어는 미디어를 이용하는 사람이 성별, 나이, 장애, 언어 등으로 인해 제약을 받지 않도록 만들어진 미디어를 말합니다.

유니버설 디자인의 7대 원칙

1. 공평한 사용Equitable Use

다양한 능력의 사람들에게 유용하고 팔릴 수 있도록 디자인한다.

2. 사용상 유연성Flexibility in Use

개인 선호나 장애, 능력과 관련하여 넓은 범위에 맞출 수 있도록 디자인한다.

3. 간단하고 직관적인 사용Simple and Intuitive Use

사용자의 경험이나 지식, 언어, 집중도와 무관하게 이해하기 쉽도록 디자인한다.

4. 알아챌 만큼 충분한 정보Perceptible Information

사용자의 감각 능력이나 환경 조건과 무관하게 사용자에게 충분한 정보를 효과적으로 전달할 수 있게 디자인한다.

5. 실수를 감안Tolerance for Error

사용자가 잘못 쓰거나 예상하지 못한 행동을 하더라도 위험이나 역효과가 최소가 되도록 디자인한다.

6. 적은 물리적 노력Low Physical Effort

사용하기 편하고 피로가 줄도록 디자인한다.

7. 접근하고 사용하기에 적절한 크기와 공간Size and Space for Approach and Use

사용자의 체구, 자세, 이동성과 무관하게 접근하고 사용하기 편하도록 크기와 공간을 디자인한다.

이타적 미디어는 거창한 것이 아니라 시니어, 장애인, 농어민, 저소득층 등 정보 취약 계층 사용자들이 일반 사용자처럼 당연하게 미디어를 이용할 수 있게 디자인된 미디어를 뜻합니다. 우리는 미디어의 소비자이면서 생산자이므로 우리가 미디어를 생산할 때 모든 사람이 쉽게 이용할 수 있는 디자인의 측면을 고려한다면 더욱 바람직한 미디어 생활을 할 수 있을 것입니다.

5장

슬기롭게
미디어 생활하기

우리에게 가족보다 가깝고 소중한 존재가 있을까요? 가족이 소중한 이유는 기쁠 때나 즐거울 때나 어렵고 힘들 때 항상 곁에 있기 때문일 것입니다. 특히 내가 어려움에 빠지거나 실수를 했을 때 평소에 친하던 친구나 가까운 사람들은 떠나갈 수 있지만, 가족은 늘 곁에서 묵묵히 자리를 지켜주기 때문일 것입니다.

오늘날 이런 가족처럼 옆에 있으면서 나를 기쁘게 하고, 슬픔에 빠진 나를 위로해 주는 존재를 꼽으라면 많은 사람이 미디어를 꼽을 것입니다. 사람 사이의 교류를 하기 어려운 코로나 팬데믹 상황에서는 더욱 그렇겠죠. 많은 사람이 미디어와 함께 잠들고, 미디어와 함께 깨어나기도 합니다. 그만큼 미디어는 생활의 일부가 아니라 신체의 일부로 보아도 무관할 정도이니까요.

또 요즘 사람들은 미디어를 소비만 하는 것이 아니라 적극적으로 생산하기도 합니다. 즉 생산자이면서 동시에 소비자 역할을 하는 생비자가 되는 것이죠. 이렇게 디지털 환경이 변함에 따라 예전에는 몰랐던 새로운 문제들이 생겨나고 있습니다. 특히 미디어 콘텐츠를 생산하고 이용하는 과정에서 권리와 책임의 문제가 많이 생겨나고 있습니다. 미디어 콘텐츠의 생산과 소비 과정에서 개인 혹은 집단의 권리 침해가 빈번하게 발생하면서 타인과 나의 권리를 보호하고 책임 의식을 갖추어야 할 필요성이 강조되고 있습니다. 다음은 우리에게 잘 알려진 《해와 달이 된 오누이》 이야기와 관련된 상황들입니다. 이 상황을 보면서 우리가 일상에서 자연스럽게 행하는 미디어 활동이 어떻게 권리를 침해하거나 침해당하는 데에 관련되는지를 살펴보겠습니다.

호랑이는 이미
오누이의 집을
알고 있었다

○

우리가 행복하고 편하게 살기 위해 이용한
미디어가 어느 순간 우리의 삶을 억죄는 도
구가 될 수도 있습니다.

《해와 달이 된 오누이》 이야기의 줄거
리입니다. 사실 우리 친구들도 이야기는 익히 들어서 알고
있을 것입니다.

옛날 한 마을에 어머니와 오누이가 살았어요. 하루는 어머
니가 산 너머 잔칫집에 일하러 가야 됐어요.
"호랑이가 노리고 있을지도 모르니 절대로 문을 열어주면
안 된다. 알겠지?"
어머니는 하루 종일 잔칫일을 거들고 서둘러 산을 넘어 집
으로 향했지요. 그런데 고개 하나를 넘자 호랑이가 떡하니

나타났어요.

"떡 하나 주면 안 잡아먹지."

그런데 고개를 넘을 때마다 호랑이가 나타나지 뭐예요. 결국 호랑이는 떡을 모조리 먹어 치우고 어머니까지 꿀꺽하고 삼켜버렸어요. 호랑이는 어머니의 저고리와 치마를 걸쳐 입었어요.

그러고는 산 아래 오두막집으로 내려갔어요.

"얘들아, 엄마 왔다. 문 열거라."

"우리 엄마 목소리는 그렇게 거칠지 않아요."

"하루 종일 일을 해서 그렇지."

"그럼, 손을 한번 보여주세요."

호랑이가 손을 내밀면서 하루 종일 일을 해서 손이 거칠어졌다고 했어요. 오누이가 머뭇머뭇하는데, 호랑이가 문을 찢고 방 안으로 들어왔어요. 오누이는 밖으로 도망쳤어요. 오누이는 재빨리 나무 위로 올라갔지요. 호랑이는 우물 안을 들여다보며 말했어요.

"이놈들 거기 숨으면 내가 모를 줄 알고?"

호랑이는 우물에 비친 오누이를 보고 오누이가 우물 안에 있다고 생각을 했어요. 호랑이는 두리번거리다 오누이를 찾아냈어요.

"얘들아, 거기까지 어떻게 올라갔니?"

"손에 참기름을 쓱쓱 바르고 올라왔지요."

오빠가 꾀를 내어 대답했어요. 호랑이는 얼른 달려가 발에 참기름을 바르고 왔어요. 호랑이는 나무에서 자꾸만 미끄러졌어요. 그 꼴을 본 누이동생이 웃음을 터뜨렸어요.

"도끼로 탁탁 찍으면서 올라와야지."

누이동생이 그만 나무 위로 올라오는 방법을 말해버렸어요. 호랑이는 얼른 달려가 도끼를 쳐들고 왔어요. 호랑이가 나무 위로 점점 올라오자 오누이는 벌벌 떨며 두 손 모아 간절히 빌었어요.

"하느님, 우리를 살리시려거든 새 동아줄을 내려주시고 우리를 버리시려거든 헌 동아줄을 내려주세요."

하늘에서 스르르 동아줄이 내려왔어요. 오누이는 하늘로 높이높이 올라갔지요. 그러자 호랑이도 두 발 모아 똑같이 빌었어요. 하늘에서 또 동아줄이 내려왔어요. 그러나 그건 헌 동아줄이었어요. 호랑이는 그만 수수밭으로 쿵 떨어졌답니다. 하늘로 올라간 오누이는 오빠는 달님, 누이동생은 해님이 되었어요.

그런데 한 가지 궁금한 점은 이 이야기에서 호랑이는 오누이가 사는 집을 어떻게 알게 되었을까요? 상황을 좀 바꾸어 미디어를 이용할 수 있는 상황으로 가정하면, 호랑이는 엄마가 대답하지 않아도 오누이가 사는 집을 알고 있습니다. 호랑이는 어떻게 오누이가 사는 집을 알았을까요?

오누이의 엄마는 사랑스러운 오누이의 모습을 매일같이 SNS에 공유한다.

엄마를 먹어 치운 호랑이는 태그 검색(#사랑스러운오누이, #떡집오누이)을 통해 엄마의 SNS에 접근하게 되었고, 오누이의 일상을 엿봅니다. 또 SNS에 올라온 풍경 사진을 통해 호랑이는 오누이의 집이 있는 언덕을 찾았고, 사진을 통해 오누이가 사는 오두막을 확인하게 되죠. 호랑이는 오누이가 사는 오두막의 문을 두드렸고 오누이가 누군지를 묻자,

"엄마다."
"우리 엄마 목소리가 아닌데요."
"'떡 사세요!'를 너무 많이 외쳐 목이 쉬었단다."

떡을 팔다 목이 쉬었다는 호랑이의 답변은 SNS에 올라와 있는 엄마의 일상에서 힌트를 얻었습니다. 팔에 밀가루 반죽을 묻혀 '우리 엄마의 손이 아닌데요'라고 물은 오누이를 속이는 행동도 엄마의 평소 활동을 눈여겨본 덕이었죠. 결국 오누이는 자신들을 잡아먹으러 온 호랑이에게 문을 열어주면서 위험에 처하게 되는 것이죠.

옛이야기를 요즘 상황에 비추어 바꿔본 것이긴 하지만 미디어를 적극적으로 활용할 때 발생할 수 있는 문제점을 잘 보여줍니다. 이처럼 우리는 일상에서 미디어를 이용해 편리하게 생활하기도 하지만, 우리가 이용하는 미디어를 통해 우리의 일상이 노출되기도 합니다. 심지어 미디어에 노출된 우리의 일상을 가지고 어떤 사람들은 범죄에 활용하기도 합니다. 우리가 행복하고 편하게 살기 위해 이용한 미디어가 어느 순간 우리의 삶을 억죄는 도구가 될 수도 있는 것이지요.

우리가 행복한 삶을 위해 미디어를 이용하는 것이 권리이기도 하지만, 미디어를 이용하고 생산하면서 알지 못하는 사이에 타인의 자유나 권리를 침해할 수도 있습니다. 지금부터 미디어를 이용하면서 나의 권리와 책임을 준수하는 방법과 다른 사람으로부터 권리를 침해받았을 경우 대처하는 방법에 대해 알아보겠습니다.

권리 침해를
예방하며
미디어를 사용하다

○

미디어를 이용하면서 개인적 친분이 있으
므로 당연히 가능하리라 생각한 것도 다
른 사람의 사생활이나 권리 침해에 해당
할 수 있습니다

다음은 방송통신위원회에서 만든 체크 리스트입니다. 어렵지 않으니 솔직하게 체크해 보세요.

만약 한 군데라도 '예'에 체크를 했다면 여러분은 미디어를 이용하면서 다른 사람의 권리를 침해하거나 자신의 권리를 침해당할 행동을 했던 것입니다.

미디어의 생산과 공유 그리고 소비를 하는 과정에서 우리는 알게 모르게 다른 사람의 권리를 침해하기도 하고, 권리를 침해당하기도 합니다. 미디어 이용과 관련하여 우리가 행하거나 당할 수 있는 권리 침해의 유형에는 다음과 같은 것

예, 아니오에 체크해 보세요!

	YES	NO

이름과 생년월일 등 개인정보를 활용하여 아이디를 만든 적이 있다. ☑ ☑

SNS에서 프로필, 사진첩을 전체공개로 설정한 적이 있다. ☑ ☑

기분 나쁜 일을 겪은 후 인터넷 게시판에 상대방의 개인정보를 노출하며 비난하는 글을 쓴 적이 있다. ☑ ☑

감정적으로 흥분한 상태에서 글을 작성한 후 바로 인터넷에 게시하는 편이다. ☑ ☑

인터넷에 글을 쓸 때 유행하는 비속어나 은어를 자주 이용하는 편이다. ☑ ☑

출처가 불분명한 확인되지 않은 사실도 일단 SNS에 공유한 적이 있다. ☑ ☑

급히 필요한 경우에는 SNS, 메신저로 신분증 사본을 보낸 적이 있다. ☑ ☑

다른 사람과 함께 찍은 사진, 동영상을 상대방의 허락 없이 인터넷 게시판에 올린 적이 있다. ☑ ☑

나와 상관없더라도 비난받을 일이라면 함께 비난하고 글을 퍼나르기해도 괜찮다고 생각한다. ☑ ☑

지인이 괜찮다고 추천한 온라인 소프트웨어나 애플리케이션은 확인 없이 바로 설치하는 편이다. ☑ ☑

들이 있습니다.

(1) 초상권 침해
(2) 사생활 침해
(3) 저작권 침해
(4) 인권 침해
(5) 명예 훼손

각각의 유형의 예를 앞에서 보았던《해와 달이 된 오누이》
이야기를 각색한 상황을 보면서 설명 드리겠습니다.

(1) 초상권 침해

초상권 침해는 본인의 동의 없이 함부로 촬영하거나, 무단
촬영된 사진 등을 배포하거나, 영리 목적으로 사진을 무단
이용했을 경우 등이 이에 해당됩니다.

어느 날 우리 아이들이 앞마당에서 놀고 있었는데, 옆집 아
이들이 이 모습을 보다가 함께 놀게 되었다. 나는 아이들의
노는 모습이 너무 좋아 보여 영상으로 촬영했다. 이 순간을

영원히 남기기 위해 우리 아이들뿐 아니라 옆집 아이들의 얼굴, 행동, 소리까지 빠짐없이 담았다. 나는 이 모습을 혼자 보기가 아까워 인스타그램에 올렸다.

이 상황에서 옆집 아이의 법정대리인이 동의(아이들이 미성년자이므로)하지 않은 상태에서 영상을 촬영하고 촬영한 옆집 아이의 모습을 인스타그램에 올리는 것은 권리를 침해하는 행위입니다. 특히 법정대리인의 동의를 받지 않은 상태에서 아이의 사진이나 영상을 인터넷에 올리는 것은 초상권을 침해한 것입니다. 초상권 침해는 누구나 쉽게 범할 수가 있습니다. 여러분이 친구와 함께 찍은 사진을 동의를 구하지 않고 반 카카오톡 등에 올렸을 경우 초상권을 침해한 것이 됩니다. 누구나 손쉽게 무의식적으로 할 수 있는 권리 침해가 바로 초상권 침해입니다.

(2) 사생활 침해

헌법 제17조는 모든 국민이 사생활의 비밀과 자유를 침해받지 않을 권리를 보장하고 있습니다. 개인이 자신의 의사에 반해 사적인 생활의 비밀이 함부로 공표되지 않을 권리가 법적으로 보장되고 있는 것입니다.

휴일 아침 옆집 오누이가 우리 집에 놀러 왔다. 워낙 아이들
끼리 친하다 보니 아침부터 함께 놀기로 했나 보다. 늦잠을
자느라 정리를 못 해 아이들이 벗어놓은 옷, 어제 저녁에 먹
은 음식물 용기 등이 그대로 있었다. 뭐 귀찮기도 하고 이런
모습을 한두 번 본 것도 아니니 치우지 않고 문을 열어둔
채로 잠이 들었다. 그런데 나중에 알고 보니 우리 큰아이가
영상으로 촬영한 후 옆집 아이들과 공유했는데, 평소 유튜
브 활동을 하던 옆집 엄마가 자신의 블로그와 유튜브에 올
렸다고 한다.

큰아이가 촬영한 영상에는 아무에게도 보여주고 싶지 않
은 어수선한 집 안의 모습이 담겨 있었을 것입니다. 심지어
는 부모가 방에서 자는 모습도 촬영되었을지도 모릅니다.
한 집의 사생활이 고스란히 담겨 있는 것이죠. 남매의 일상
을 SNS에 꾸준히 올리던 옆집 엄마는 남매가 옆집에서 놀
던 모습이 담긴 영상으로 여기고 별다른 생각 없이 유튜브
에 올린 것입니다. 이는 분명 남의 사생활을 침범한 경우에

해당됩니다.

(3) 저작권 침해

학교에서 저작권 침해에 관한 교육이나 영상은 많이 봤을 것입니다. 이 이야기에서도 저작권을 침해한 상황이 발생할 수 있습니다. 만약 옆집 엄마가 촬영한 아이나 그 법정대리인(여기서는 부모)의 동의를 받지 않고 영상을 올린 것은 저작권을 침해한 것이라고 볼 수 있습니다. 저작권은 인간의 사상이나 감정을 표현한 창작물에 대해 창작자에게 주어지는 독점권입니다. 저작권 침해는 콘텐츠를 생산하고 이용하는 과정에서 동의 없이 다른 사람의 저작물을 이용하는 행위를 말합니다. 두 번째 상황에서 촬영한 영상의 저작권은 그 모습을 촬영한 큰아이한테 있다고 볼 수 있습니다. 그러므로 옆집 엄마가 큰아이가 촬영한 영상을 허락 없이 올린 것은 저작권을 침해한 것이라 볼 수 있습니다.

(4) 인권 침해

인권은 인간으로서의 존엄과 가치 및 자유와 권리를 의미합니다. 우리는 살면서 인간으로서의 존엄과 가치 및 자유와 권리를 제약받았을 때 인권을 침해받았다고 말합니다. 미디어를 생산하거나 이용할 때도 마찬가지입니다. 미디어를 생산하거나 이용할 때 인간으로서의 존엄과 가치 및 자유와 권리가 보장받지 못한 경우가 있다면 인권을 침해당한 것이라 볼 수 있습니다.

요즘 블로그에 올린 남매의 일상이 꽤 인기가 있고, 더 자주 올려달라는 댓글이 많다. 그래서 촬영 횟수를 더 늘렸더니 아이들이 피곤해하며 적당히 찍자고 한다. 하지만 물이 들어왔을 때 노를 저으라는 말이 있듯이, 기회가 왔을 때 잡고 싶었다. 평소라면 늦잠 자고 있을 토요일 아침 일찍 아이들을 깨워 영상을 찍었다. 아이들의 일그러진 표정을 찍을 수는 없어 여러 번 찍다 보니 시간이 꽤 흘러갔다.

부모는 아이를 양육하고 보호하고 대리하는 법정대리인입니다. 하지만 아이가 싫어하고 괴로워하는 일을 부모가 다른 목적으로 강요하는 것은 아이의 인권을 침해한 것에 해당합니다. 더군다나 위 일화에서 보듯이 아이가 싫다는 의사를 표현하고, 괴롭다는 표현을 했는데도 강요한 것은 아이의 자유를 박탈한 것이므로 인권을 침해한 것이 됩니다.

명예 훼손은 불특정 다수가 인식할 수 있도록 사실 또는 허위 사실을 적시해 대상자의 품성, 명성, 신용 등 외부적 명예를 훼손하는 행위를 의미합니다.

어제 날이 선 옆집 엄마의 전화를 받았다. 왜 동의 없이 청소가 안 된 거실과 꾸미지 않은 가족의 모습이 나온 영상을 유튜브에 올렸냐고 따지는 전화였다. 옆집과 비교적 친해서 괜찮을 줄 알았는데… 일단 미안하다고 사과를 했다.
옆집 엄마는 그냥 넘길 수 없는 것이 또 있다고 했다. 왜 영상에 자기를 '옆집 집순이'라고 자막을 넣었느냐는 것이었다. 마치 자기가 집에서 노는 사람처럼 표현돼 불쾌하다는 것이었다. 그런 뜻이 아니었다고 말했지만, 옆집 엄마는 집에서 할 일이 없어서 노는 주제에 사고나 친다며 내게 큰소리를 치며 전화를 끊었다.

의도하지 않았지만 영상을 올린 사람이 옆집 사람을 '옆집 집순이'로 표현했고, 이에 대해 옆집 사람이 불쾌하게 느꼈다면 명예 훼손에 해당할 수 있습니다. 화가 난 옆집 엄마가 전업주부인 나에게 '할 일이 없어서 노는 주제에 사고나 친다'라고 말한 것 또한 명예를 훼손한 것으로 느껴질 수 있습니다.

지금까지 우리가 재미있고 유익한 미디어를 사용하면서 권리를 침해당하거나 침해할 수 있는 유형에 대해 살펴보았습니다. 어떤 경우에는 너무 개인적으로 친해서 당연히 가능하리라 생각한 것도 다른 사람의 사생활이나 권리 침해에 해당할 수 있습니다. 또 그럴 의도가 아니었지만 누군가의 오용에 의해 권리 침해로 바뀔 수 있는 경우도 많습니다. 미디어를 이용하면서 권리를 침해하지 않기 위해서는 다음과 같은 예방 수칙을 잘 지켜야 합니다.

인터넷 권리 침해 예방 수칙

- 민감한 정보는 만들지 않아요.
- 다른 사람의 정보를 소중히 다뤄요.
- 잘못된 요구는 거절해요.

- 올리기 전에 한 번 더 생각해요.

- 나의 개인정보는 스스로 지켜요.

- 정확한 내용인지 확인해요.

- 컴퓨터 보안에 주의해요.

- 상대의 입장도 생각해요.

슬기롭게
미디어 생활을
하다

○

먼저 타인의 권리를 침해하지 않으려고 노
력한다면 미디어는 서로에게 많은 득이 될
수 있을 것입니다.

지금까지 미디어를 생산하거나 이용하면서 발생할 수 있는 권리 침해에 대해 알아보았습니다. 사실 미디어를 이용하면서 다른 사람의 권리를 침해하는 경우, 의도적으로 그럴 수도 있지만 많은 경우 습관적으로 하던 일들이 다른 사람의 권리를 침해하는 경우가 많습니다. 또한, 자신이 원하지 않더라도 나의 미디어 활동이 다른 사람에 의해 이용되면서 침해를 당하는 경우가 많습니다. 그렇다면 어떻게 해야 슬기롭게 미디어를 이용하면서 서로의 권리를 침해하지 않을 수 있을까요? 또 나의 권리를 침해당했을 때 어떻게 해야 할까요?

내 정보를 보호하는
가이드라인

특히 SNS가 발달하면서 소셜 미디어 공간에서 개인의 신상 정보가 자신도 모르게 수집되는 등 다양한 문제가 일어나고 있는 실정입니다. 그래서 다른 어떤 것보다도 개인정보 보호에 신경을 써야 합니다. 특히 인터넷상에 올라간 정보는 순식간에 복제되어 일파만파 퍼지게 되어 회수하려고 해도 어려운 경우가 많아 피해가 지속적으로 발생할 수가 있습니다. 그러므로 우리는 평소에 자신의 개인정보를 보호하려는 노력을 해야 하고, 또 다른 사람의 개인정보를 침해하지 않으려 노력해야 합니다. 다음은 개인정보 보호를 위한 가이드라인입니다.

개인정보 보호 가이드라인

- 비밀번호는 자주 바꿉니다.(6개월에 한 번씩)
- 비밀번호는 다른 사람이 모르게 해야 합니다.
- 로그인한 웹 사이트는 반드시 로그아웃합니다.
- 의심스러운 문자 메시지, 메일은 클릭하지 않고 지웁니다.

- SNS 이용 시, 개인정보를 비공개, 친구 공개로 설정합니다.
- 비밀번호가 설정되지 않은 와이파이는 사용하지 않습니다.
- 바이러스 백신 프로그램은 최신 버전으로 항상 업데이트합니다.
- 인터넷에 글을 남길 때는 자신(가족)과 친구의 개인정보가 담겨 있지 않나 확인합니다.
- 다른 사람의 개인정보가 담긴 글을 올릴 때는 허락을 구하고 올립니다.

나와 타인의 권리를 지키기 위한
SNS 업로드 체크리스트

우리는 가까운 가족이나 친구들과 수시로 의견을 주고받습니다. 이때 많이 사용하는 것이 소셜네트워크서비스SNS입니다. 멀리 떨어져 있는 친구나 가족에게 안부를 묻거나 정보를 교환할 때 많이 이용되고 있죠. 손쉽게 이용할 수 있다 보니 많은 양의 데이터가 SNS를 통해 퍼지게 됩니다. 특히 무심코 SNS에 올린 내용이나 사진이 다른 사람의 권리를 침해할 수도 있고, 그 사진이나 내용 때문에 순식간에 자신의 권리가 침해받을 수도 있습니다. 다음은 SNS에 사진이나 내용을 업로드하면서 나와 타인의 권리를 지키기 위해 필요한 리스트입니다. 한번 표시해 볼까요?

나와 타인의 권리를 지키기 위한 SNS 업로드 체크리스트

☐ 내 사생활을 모르는 사람이 봐도 좋다.

☐ 게시한 내용 및 사진은 영원히 지울 수 없다는 것을 알고 있다.

☐ 모르는 사람이 게시글과 사진을 악용해도 좋다.

☐ 게시한 내용 및 사진이 다른 사람에게 불편함(불쾌함)을 준다.

☐ 게시한 내용 및 사진에 타인의 정보가 포함되어 있다.

만약 위에 제시된 항목 중 하나라도 표시했다면 SNS에서 자료를 업로드할 때 주의를 기울이는 것이 좋겠습니다.

권리 침해를 당했을 경우의
대처 방안

앞서 권리 침해 부분의 예에서 보았듯이 의도적이지는 않지만 나도 모르는 사이에 타인의 권리를 침해할 수도 있듯이, 타인이 의도적이지 않았지만 모르는 사이에 나의 권리를 침해할 수도 있습니다. 미디어를 자주 이용하다 보면 그 누군가가 내 개인정보를 악의적으로 악용하거나 침해할 수도 있습니다. 이럴 경우 어떻게 대처해야 하는지 살펴보겠습니다.

(1) 증거자료 준비하기

인터넷에서 권리를 침해당하고 있다면 우선 증거자료를 수집해야 합니다. 권리 침해 정보가 보이는 화면(URL 포함), 메신저 대화 내용, 전자 문서 등을 다운받거나 캡처해 놓으면 증거자료로 쓸 수 있습니다. 컴퓨터에서는 Print Screen(Prt Scr) 키로 화면을 캡쳐할 수 있고, 스마트폰의 캡처 기능을 이용하면 됩니다.

(2) 개인정보는 '비공개'로 전환하기

권리의 침해는 게시된 정보에서 시작됩니다. SNS 프로필과 논란이 되는 게시물은 비공개로 전환하면 피해를 줄일 수 있습니다. 다만 증거 보전을 위해 삭제는 전문가와의 상담 이후에 결정하는 것이 좋습니다.

(3) 감정적으로 대응하지 않기

화가 나고 감정이 상하더라도 상대방에게 직접 연락하여 대응하는 것은 좋지 않습니다. 감정적으로 대응하다 문제가 더 커질 수 있고, 상대방이 악의를 가지고 접근할 수도 있습니다.

(4) 전문 기관·단체와 상담하기

인터넷상의 명예훼손 게시글이나 악성 댓글로 권리를 침해당하고 있다면 방송통신심의위원회 인터넷피해구제센터(국번 없이 1377)에서 도움을 받을 수 있습니다. 아울러 경찰청, 언론중재위원회, 한국인터넷진흥원 등의 전문 기관이나 단체와의 상담을 통해 도움 받을 수 있습니다.

이처럼 미디어의 생활화는, 칼날의 양면처럼 작용합니다. 우리의 생활을 편리하게 하고 윤택하게 만들어주기도 하지만, 악용되어 우리의 삶을 괴롭고 힘들게 만들 수도 있기 때문입니다. 하지만 미디어를 이용하면서 내가 먼저 타인의 권리를 침해하지 않으려고 노력한다면 서로에게 많은 득이 될 수 있을 것입니다. 우리가 슬기롭게 미디어 생활을 할 수 있다면 미디어는 우리의 생활을 개선해 주고 윤택하게 만들어 줄 것입니다. 나아가 미디어는 국가, 언어, 민족, 계급의 차이를 극복하고 소통하면서 서로를 이해하고 존중해 줄 수 있는 매개(도구)가 될 수 있을 것입니다.

세상을
이해하고 평가하는
안목을 길러주는
미디어 리터러시

○

미디어 리터러시를 교육하는 목적은 삶의
일부분이 된 미디어를 비판적으로 읽고 쓰
는 능력을 갖게 함으로써 정보나 지식을 합
리적으로 읽어내는 정확한 판단력을 길러
주기 위해서입니다.

여러분 여기까지 따라오느라 고생이 많았습니다. 미디어 리터러시Media Literacy라는 말이 낯설기도 하고 어렵기도 했을 겁니다. 그런데 미디어 리터러시라는 말은 다양한 뜻으로 쓰입니다. 이 책에서 두 번 언급된 조병용 교수님은 문해력이라는 표현을 썼던 것이 기억나나요? 리터러시literacy는 일반적으로 다음과 같은 의미를 가지고 있습니다.

(1) 문해력文解力
(2) 읽고, 쓰는 능력

(3) 교양

(1) '문해력文解力'이라는 말을 풀면 글을 이해하는 능력
이 됩니다. '문해력'이라는 용어는 책이나 신문과 같은 문자
로 이루어진 텍스트에 대한 이해력과 관련이 있습니다. 문
해력은 글의 의미를 정확하게 이해하는 능력이라 할 것입
니다. 다만 자료의 범위를 글만이 아니라 미디어로 확장시
키면, '미디어 리터러시'는 미디어를 이해하는 능력을 가리
킵니다.

리터러시가 '(2) 읽고, 쓰는 능력'이라면, '미디어 리터러시'
는 '미디어를 읽고 쓰는 능력'을 가리킵니다. 읽기 이론에서
'읽는다'라는 것은 주어진 텍스트의 내용을 파악하는 행위
에 그치지 않고, 텍스트의 내용뿐 아니라 텍스트를 둘러싼
맥락을 비판적으로 읽는 것을 의미합니다. 또한 '쓴다'라는
것은 종이나 컴퓨터의 지면에 자신의 생각이나 느낌을 글로
표현하는 것뿐 아니라 자신의 생각이나 느낌을 매체를 이용
하여 다양한 방식으로 표현하는 것을 의미합니다. 그래서 여
러분이 SNS 등에 다는 댓글도 일종의 쓰기와 생산에 해당합
니다. 이런 측면에서 '미디어 리터러시'는 미디어의 내용뿐

아니라 그 텍스트가 생산되고, 소통되고, 소비되는 전체 맥락을 비판적으로 읽는 동시에, 자신의 생각이나 느낌을 다양한 미디어를 활용하여 생산하는 것을 가리킵니다.

'리터러시'가 교양의 의미를 갖는 것은 리터러시 교육을 통해 사회 구성원들이 공동체의 문제를 함께 인식하고 협력적인 의사소통을 통해 해결해 가는 데에 필요한 교양을 길러줄 수 있기 때문일 것입니다. 한 사회 구성원이 습득해야 할 교양의 내용은 민주시민성 내지 세계시민성과 관련된 내용일 가능성이 높습니다.

'미디어 리터러시'의 진정한 의미가 무엇이든 간에 미디어 리터러시를 교육하는 목적은 삶의 일부분이 된 미디어를 비판적으로 읽고 쓰는 능력을 갖게 함으로써 홍수처럼 쏟아지는 정보나 지식을 합리적으로 읽어내는 정확한 판단력을 길러주기 위해서입니다. 특히나 다양한 미디어에서 홍수처럼 쏟아지는 정보를 여과 없이 무비판적으로 받아들이는 여러분에게 미디어 리터러시는 단순한 교육적 도구가 아니라 세상을 이해하고 평가하는 안목을 제공할 것입니다. 더불어 자신이 속한 공동체의 문제를 공유하고 협력적으로 문제를 해결하는 능력을 갖추어 다른 사람들과 함께 살아가는 민주시민 또는 세계시민으로의 자질을 길러줄 것이라 믿습니다.

모쪼록 현명한 미디어 이용과 생산 그리고 공유를 통해 여러분의 삶과 가족, 그리고 공동체의 삶을 건전하게 만들고 누리는 데 일조하기를 바라며 글을 마칩니다.

부록

·

슬기로운
미디어 생활

팩트 체크, 이렇게!

일상에서 허위 정보에 속지 않고 팩트를
점검할 수 있는 방법이 있습니다. 다음은
정부에서 제시한 '쉽게 실천할 수
있는 일상 속 팩트 체크 습관'입니다.
정부에서는 허위 정보 예방수칙으로
'3권 3행 3금'을 제시하고 있습니다.

일상 속 팩트 체크, 중요한 3가지
허위 정보에 속지 않으려면?

▸ **3권**(정보 확인 습관 3가지 권장사항!)

▸ **3행**(직접 실천하는 팩트 체크 3가지 실천 행동!)

▸ **3금**(부적절한 정보 이용 3가지 금지사항!)

(1) 3권! – 정보 확인 습관 3가지 권장사항

1. '사실'과 '의견' 구분

정보의 내용이 실제 일어난 '사실'인지, 작성자의 주관이 포함된 '의견'인지
구분하면 허위 정보에 쉽게 속지 않을 수 있습니다.

2. 비판적으로 사고

정보를 확인할 때는 내용의 근거가 명확하고, 논리적인지 합리적인
의심을 가지고 접근합니다.

3. 공유하기 전에 한 번 더 생각

이미 공유한 정보는 되돌리기 어렵습니다.
내가 전달할 정보를 다른 사람이 그대로 믿어도 괜찮나요?

(2) 3행! – 직접 실천하는 팩트 체크 3가지 실천 행동

1. 출처·작성자·근거 확인

명확한 출처·작성자·근거를 포함하고 있는 정보인지 확인합니다.
다른 사람이나 기관을 사칭한 정보는 아닌지 꼼꼼하게 살펴봅니다.

2. 공신력 있는 정보 찾기

근거가 많다고 해서 모두 정확한 정보는 아닙니다.
공신력 있는 문서·자료·전문가를 통해 사실을 확인합니다.

3. 사실 여부 다시 확인

정보의 내용을 종합적으로 살펴보면서 '나'와 '다른 사람'이 믿어도 되는
정보인지 사실 여부를 신중하게 판단합니다.

(3) 3금 – 부적절한 정보 이용 3가지 금지사항!

1. 한쪽 입장만 수용 금지

나도 모르게 편견을 가지고 정보를 수용하고 있지는 않나요?
하나의 사안에 대해 서로 다른 입장을 확인하고, 객관적으로 생각해
봅니다.

2. 자극적인 정보에 동요 금지

합리적인 사고를 방해하고, 과도한 불안감을 유발하는 정보로 인해
감정적으로 사실 여부를 판단하지 않습니다

3. 허위 정보 생산·공유 금지

어떠한 이유에서도 허위 정보의 생산과 공유는 허용될 수 없습니다.
사실 여부를 확인하지 않고, 무심코 전달한 정보로 인해 발생할 수 있는
피해에 대해 생각해 봅니다.

〈팩트 체크〉 체크리스트

(1), (2), (3)의 내용을 종합하여 만든 〈팩트 체크〉 체크리스트입니다.
평소 정보를 접할 때 활용하면 유익할 것입니다.

	YES	NO
1. '사실'과 '의견'을 구분했나요?	☑	☑
2. 정보를 비판적으로 바라보았나요?	☑	☑
3. 공유하기 전에 한 번 더 생각해 봤나요?	☑	☑
4. 출처·작성자·근거를 확인했나요?	☑	☑
5. 공신력 있는 정보를 찾았나요?	☑	☑
6. 사실 여부를 다시 확인했나요?	☑	☑
7. 한쪽 입장만 수용하지 않았나요?	☑	☑
8. 자극적인 정보에 동요되지 않았나요?	☑	☑
9. 허위 정보를 생산하거나 공유했나요?	☑	☑

슬기로운 미디어 생활 가이드

청소년을 위한
미디어 리터러시 실천·지도 가이드

01 미디어에는 정보가 담겨 있다는 것을 기억해야 합니다.

① 어떤 목적으로 미디어 콘텐츠를 만들었을지 생각해요.
② 미디어 콘텐츠를 누구와 공유하고 싶은지 생각해요.
③ 콘텐츠 생산자는 믿을 만한 사람인지 생각해요.
④ 양쪽의 주장을 모두 설명하고 있는지 확인해요.
⑤ 미디어 속 정보가 사실인지 의견인지 구분해요.

02 대중매체에서 보여주는 외모지상주의를 경계해야 합니다.

① 대중매체를 통해 미에 대한 선망과 모방심리를 심어줄 수 있어요.
② 우리는 미디어 속에서 보여주는 외모지상주의에 대해 평가 권리가 있어요.
③ 이상적인 외모의 주인공이 등장하는 미디어는 왜 만들어졌을지 한번 생각해요.
④ 미디어 메세지가 나의 주목을 끌기 위해 어떤 기법을 활용했을지 생각해요.

03 미디어 속 '정보 검색'을 잘 활용하면 좋습니다.

① 내가 해결하고 싶은 문제의 우선순위를 정하세요.
② 문제를 해결하기 위해 다양한 미디어를 검색할 수 있음을 이해해요.
③ 검색어는 찾고자 하는 문제의 핵심 단어를 선택하세요.
④ 정보를 검색할 때 다양한 검색 기법을 숙지한 후에 검색하세요.
⑤ 활용한 미디어는 반드시 출처를 밝혀요.

04 미디어 속 정보로 문제 해결 능력을 키우는 것이 중요합니다.

① 단계별 문제 해결 과정을 이해해요.
② 브레인스토밍으로 아이디어를 내는 방법을 이해해요.
③ 다양한 미디어 정보 자원에서 정보를 찾을 수 있어요.
④ 검색한 자료에서 필요한 정보만 골라내고 새로운 정보를 만들어
   공유해 봐요.
⑤ 문제 해결 과정과 결과를 평가해요.

05 스마트폰을 현명하게 사용해야 합니다.

① 스마트폰을 장시간 이용하면 안구 질환이나 거북목 증후군 등 건강에
   문제가 생길 수 있어요.
② 스마트폰 사용 '종료 시간' 알림을 정해 '수면 골든 타임'을 지켜주세요.
③ 가족과 함께 식사를 하면서 얼굴 보며 대화해 보세요.
④ 학교에서는 친구들과 함께 '스마트폰 사용 규칙'을 지켜요.
⑤ 보행 이동할 때는 스마트폰을 안전하게 가방에 넣어요.

06 온라인 게임에 대해 잘 이해해야 합니다.

① 온라인 게임과 관련하여 찬성 입장과 반대 입장을 이해해요.
② 게임중독은 합리적 의사결정을 불가능하게 할 수 있어요.
③ 부모님과 대화를 통해 게임을 즐기는 시간, 유형 등에 서로 약속을 하고
   이를 지키도록 노력해요.
④ 게임 거래 전 상대방 전화와 계좌번호를 사이버 캅에서 조회하여 이전
   피해 신고 내역을 확인하세요.
⑤ 타인과 아이디와 비밀번호를 공유하지 마세요.

07 1인 미디어의 특성을 잘 이해해야 합니다.

① 유튜브는 '누구나' 영상을 '업로드'하고 공유할 수 있는 동영상
   플랫폼이에요. 따라서 내용과 거짓 정보를 올려도 검증 없이 빠르게
   확산될 수 있음에 유의하세요.
② 유료 서비스 구입은 부모님과 상의하여 신중하게 행동해요.
③ 1인 미디어를 통해 전달되는 정보가 가치 있는 정보인지 판단해
   보세요.

가짜 뉴스를 잘 구별해야 합니다.

① 뉴스의 출처를 확인해요.
② 뉴스의 작성자가 실존 인물인지, 어떤 이력을 가졌는지 확인해요.
③ 뉴스를 뒷받침하는 정보가 실제 맞는지 판단해요.
④ 뉴스가 제작된 날짜를 확인하여 오래된 뉴스를 재탕하거나 가공한 건
   아닌지 확인해요.
⑤ 상반된 입장을 모두 담고 있는지 확인해요.

 온라인상에서도 예의를 지켜야 합니다.

① 인터넷에서 누군가를 욕하거나 감정을 상하게 하지 않도록 해요.
② 인터넷에서 다른 사람에 대한 거짓된 이야기나 잘못된 이야기를
   퍼뜨리지 않도록 해요.
③ 상대방이 싫어하는 글이나 사진, 동영상을 보내지 않아요.
④ 인터넷에 누군가의 신상 정보를 퍼뜨리지 않아요.
⑤ 인터넷이나 스마트폰을 이용해 다른 사람에게 원치 않는 행동을
   강요하거나 심부름 시키지 않아요.

10 **개인정보 보호를 위해 노력해야 합니다.**

① 가입한 사이트의 비밀번호를 주기적으로 변경해요.
② ID, 비밀번호 등 개인정보는 친구에게 알려주지 않아요.
③ PC방 등에서 인터넷 로그인 시 자신의 ID나 비밀번호가 저장되었는지
   확인하세요.
④ 출처가 불명확한 자료는 다운로드하지 않아요.
⑤ 개인정보가 유출되었다면 사이트 관리자에게 삭제 요청하세요.

11 **저작권을 보호해야 합니다.**

① 이용 허락을 받지 않고 음원을 이용하는 것은 저작권 침해에 해당돼요.
② 저작권법상 특정 영화 포스터를 비평 또는 풍자를 목적으로
   패러디하는 것은 허용되지만, 저작자의 이익을 해치면 저작권법에
   위배돼요.
③ 버스킹 공연을 스마트폰으로 촬영하여 SNS에 올리는 것은 저작자의
   재산적 권리 침해라는 점을 이해해요.
④ 저작물 이용 허락 조건(CCL 마크)을 미리 파악해요.
⑤ 내가 만든 미디어 저작물에 CCL을 표시해요.

• 부록 3 •

비대면 시대의 문화 융합 놀이교육

이 자료는 **CJ도너스캠프(www.donorscamp.org)**에서 진행하는
'온택트 문화 스쿨' 활동을 기반으로 작성되었습니다.

문화 융합 놀이는 영화, 음악,
다큐멘터리 작품을 온라인에서 감상하고,
작품 배경·상황·오브제를 주제로
소통하고 표현하는 활동을 수행하는
활동입니다. 이 놀이는 영화를
감상하기 전 활동과 감상한 이후의
활동으로 이루어져 있습니다.

감상 전 활동

활동명	활동 내용
영화 알아보기	미디어 등을 이용하여 감상할 영화에 대해 파악하고 정리.
영화 배경음악 감상하기*	영화에 쓰인 배경음악을 감상하면서 이 음악들이 어떤 상황에서 쓰일지를 상상함.
관전 포인트 짚어보기	유의 깊게 살펴볼 포인트를 짚어본다. 이 활동은 영화를 감상할 때 집중할 수 있도록 해줌.

★ 영화 배경음악 감상하기 활동은 반드시 수행할 필요가 없는 선택 활동임.
   각 영화의 특성을 고려하여 수행.

감상 후 활동★

활동명	활동 내용
캐릭터 특성 연결하기	등장인물의 성격과 역할 등을 파악함.
영화에 맞는 음악 연결 짓기	영화의 분위기나 내용에 어울리는 음악을 연계하면서 창의성을 높임.
게임 캐릭터 만들기 또는 캐릭터 그림 그리기	영화의 내용을 바탕으로 게임 캐릭터를 만들거나 캐릭터 그림으로 표현.
내용 토의·토론하기	토의를 통해 영화의 주제를 파악하거나 쟁점이 되는 사안에 대해서는 토론을 수행함.
아카데미상 추천하기★★	아카데미상 주요 부문 수상 요건에 대한 설명을 이해한 후 토의를 통해 추천하기.

★ 모든 활동을 수행할 필요는 없음. 영화에 적합한 활동을 골라 수행.
★★ 아카데미상 추천하기 활동은 개별 작품을 대상으로 실시할 수도 있고, 다양한 작품을 감상한 후 실시할 수도 있음.

이 문화 융합 놀이를 통해 다양하게 보고 듣고, 깊이 있게 느끼고, 느낌을 분석하고, 표현하고 소통할 수 있습니다. 이를 통해 비판적 사고력, 창의력, 소통 능력을 기를 수 있습니다.

영화 〈명량〉 감상 토의

'이순신'을 주제로 한 전투 게임이 출시된다고 전제하고, 23전 23승의 전쟁 영웅 실화 스토리가 실제 게임상으로도 구현되게 하기 위해선 이순신의 캐릭터 능력치를 어떤 것들로 구성해서 각각 얼마만큼의 비중을 가져가야 할까요? 아래의 보기 중에서 10가지의 캐릭터 장점을 고르고, 그 고른 요소들의 총합이 100점이 되도록 맞춰 보세요.

아래 캐릭터 보기 중 10가지를 고르고 각 캐릭터 능력치의 점수를 편성하되 총점이 100점이 되도록 구성하여 개인별로 표를 채워보고, 각 개인이 캐릭터 비중을 그와 같이 구성한 이유에 대해 자유롭게 토의해 보세요.

	점수		점수		점수		점수		점수
용기		배려심		창의력		공정성		끈기	
자신감		인내심		엄격함		성실함		부지런함	
책임감		애국심		단호함		정직함		유연함	
이해심		지적능력		신중함		절제력		신념	

영화 〈아바타〉 감상 토의

지구가 처한 자원 부족 문제의 해결을 위해 외계의 다른 행성에서 새로운 자원을 개발하려는 노력과 시도 자체는 높이 평가할 만하고 인류의 먼 후손들을 위해 꼭 필요한 과제일 수도 있습니다. 단, 개척하려는 외계 행성에 만일 인류와 같은 생명체가 살고 있다면 조금 더 신중히 다가갈 필요가 있을 텐데요. 여러분이 판도라 행성 나비족과의 무력 충돌 없이 평화적으로 필요한 자원을 개발해 내기 위해선 어떤 마음 자세를 가지고 어떻게 행동해야 문제를 잘 해결할 수 있을지 생각해 봅시다.

아래의 키워드를 힌트로 하여 생각해 보고 친구들과 토의해 보세요.

배려심	이해심	창의심	공정심	끈기
인내심	존중	유연함	절제력	협상력

답안 예시 》

내가 원하는 것을 추구하기 전에, 상대방이 꼭 필요하고 중요하게 생각하는 것들을 먼저 생각하고 상대의 소중한 것을 침범하지 않고 지켜주려는 존중과 배려심이 가장 먼저 필요하다.

부득이 상대방이 가진 것 가운데서 나한테도 꼭 필요한 것이 있다면, 내가 가진 것 중에 상대방이 꼭 필요로 할 만한 것들을 생각해서 물물 교환의 협상 카드로 제안할 수 있는 상상력과 유연성, 공정한 태도가 필요하다.

또한 너무 많은 것을 가지려는 욕심을 버릴 수 있는 절제도 매우 중요하다.

아카데미상 추천하기

아래의 아카데미상 주요 부분 수상 요건에 대한 설명을 확인해 보고, 영화 〈명량〉과 〈아바타〉는 아래 5개의 주요 부분 중 어느 부분에 입후보하는 것이 가장 적합할지를 토의를 통해 결정해 보세요.

상 부분명	수상 요건
작품상	① 세월이 많이 흘러도 변하지 않는 진리, 세상의 원리, 인간의 특성과 내면 심리 등을 잘 표현하고 있는가? ② 사람들이 자기 삶을 돌아보고 반성해 볼 만한 교훈을 다루고 있는가? ③ 살면서 누구나 관심을 가져볼 만한, 관심을 가져야 할 만한 주제를 말하고 있는가? ④ 다른 영화와는 확연히 구분되는 차별점과 독창성을 많이 갖고 있는가?(스토리, 등장인물의 특성, 상황 설정, 음악, 시각 디자인 등에서)
각본상	① 영화를 통해 말하고자 하는 핵심 메시지(주제)가 잘 드러나는가? ② 영화 중 꼭 기억하고 싶은 명대사나 해설 문안 또는 나레이션이 있는가? ③ 이야기의 흐름과 줄거리가 잘 파악되도록 매끄럽게 잘 이어지는가? ④ 다른 영화와는 확연히 구분되는 차별적이고 독창적인 스토리로 구성되어 있는가?

주연연기상 (남/녀)	① 극중 상황에 맞게 연기하고자 하는 등장인물의 감정과 내면을 잘 표현하는가? ② 극중 등장인물이 실제 인물처럼 보이도록 자연스럽게 연기하는가? ③ 배우의 외모와 목소리, 표정 등이 등장인물의 특성과 잘 어울리는가? ④ 배우의 연기가 등장인물에 대한 관객의 호감도, 공감도를 높여주고 있는가?
음악상	① 극중 상황과 분위기에 잘 어울리는 음악이 창작, 혹은 선곡되어 잘 쓰이고 있는가? ② 등장인물의 성격, 내면, 상황이 음악을 통해 잘 부각되는가? ③ 관객이 좋아하고 잘 기억될 만한 멜로디, 리듬, 화음을 표현한 음악이 자주 나오는가? ④ 영화를 대표하는 주제곡이 다른 영화의 주제곡과 비교하여 확연히 구분되는 차별성 또는 독창성을 갖고 있는가?
시각효과상	① 장면 장면이 한 폭의 그림 같은 영상미가 보이는가? ② CG를 통해 구현된 배경과 상황이 현실감 있게 잘 보이는가? ③ 극중 상황과 분위기, 등장인물의 특성과 맞는 장면들이 구성되어 있는가? ④ 다른 영화와는 확연히 구분되는 차별적이고 독창적인 시각적 요소가 담겨 있는가?

다음 세대를 생각하는 인문교양 시리즈

다음 세대에 전하고 싶은
한 가지는 무엇입니까?

1. 손잡지 않고 살아남은 생명은 없다 • 최재천 지음

★ 아침독서신문 청소년 추천도서 ★ 청소년 북토큰 도서
★ 학교도서관저널 추천도서 ★ 세종도서 교양서

2. 사랑할 시간이 그리 많지 않습니다 • 장영희 지음

★ 세종도서 문학나눔 도서

3. 왜 주인공은 모두 길을 떠날까? • 신동흔 지음

★ 세종도서 문학나눔 도서 ★ 책따세 추천도서 ★ 도서문화재단 씨앗 주제도서

4. 인연이 모여 인생이 된다 • 주철환 지음

5. 배움은 어리석을수록 좋다 • 우치다 타츠루 지음 | 박재현 옮김

★ 올해의 청소년 교양도서 ★ 청소년 북토큰 도서

6. 내가 행복한 곳으로 가라 • 김이재 지음

7. 새로운 생각은 받아들이는 힘에서 온다 • 김용택 지음

8. 노력은 외롭지 않아 • 마스다 에이지 지음 | 박재현 옮김

9. 내가 읽은 책이 곧 나의 우주다 • 장석주 지음

★ 아침독서신문 청소년 추천도서 ★ 세종도서 교양도서

10. 산도 인생도 내려가는 것이 더 중요하다 • 엄홍길 지음

★ 아침독서신문 청소년 추천도서

11. 나는 매일 감동을 만나고 싶다 • 히사이시 조 지음 | 이선희 옮김

12. 정의, 나만 지키면 손해 아닌가요? • 김경집 지음

★ 올해의 청소년 교양도서 ★ 학교도서관저널 올해의 책
★ 아침독서신문 청소년 추천도서 ★ 청소년 북토큰 도서

13. 자신만의 하늘을 가져라 • 강판권 지음

14. 내 삶의 길을 누구에게 묻는가? • 백승영 지음

15. 옛 거울에 나를 비추다 • 공원국 지음

16. 세상은 보이지 않는 끈으로 연결되어 있다 • 최원형 지음

★ 세종도서 교양도서 ★ 환경정의 선정 올해의 청소년 환경책 ★ 아침독서신문 청소년 추천도서

미디어 리터러시,
세상을 읽는 힘

1판 1쇄 발행 2022년 4월 29일
1판 5쇄 발행 2024년 11월 29일

지은이 강용철·정형근
펴낸이 김성구

책임편집 김지용
콘텐츠본부 고혁 양지하 김초록 이은주 류다경
디자인 이영민
마케팅부 송영우 김지희 김나연 강소희
제작 어찬
관리 안웅기

펴낸곳 (주)샘터사
등록 2001년 10월 15일 제1-2923호
주소 서울시 종로구 창경궁로35길 26 2층 (03076)
전화 1877-8941 팩스 02-3672-1873
이메일 book@isamtoh.com 홈페이지 www.isamtoh.com

ISBN 978-89-464-2213-1 04080
ISBN 978-89-464-1885-1 04080(세트)

값은 뒤표지에 있습니다.
잘못 만들어진 책은 구입처에서 교환해 드립니다.